クローズアップ
プロジェクト　編著

挑戦する中小企業 Ⅳ in KANSAI

つぶしてたまるか
―社長の失敗話・成功話―

IAP出版

はじめに

二〇一七年、国内の生産物やサービスへの需要が、リーマン・ショックが起きた二〇〇八年以来、九年ぶりに供給全体を〇・四％上回ったことが報じられました。国内の景気は確実に上向いています。関西ではどうか。私が懸念しているのは、交通インフラの整備が遅れていることです。たとえばリニア中央新幹線や北陸新幹線などの高速鉄道網、それに高速道路のミッシングリンクの問題です。交通インフラの整備は常に、都市に多大な影響を与えます。

関西には明るい材料もあります。来年二〇一九年、日本初開催である二〇カ国・地域（G20）首脳会合の開催地が大阪に決まりました。また、二〇二一年にはワールドマスターズゲームズが関西で開催されます。そして二〇二五年の万博誘致。これら国際的な催しが目白押しの関西では、中小企業にとってもチャンスではないでしょうか。

現在、関西に限らず全国の中小企業の中心的課題は、イノベーションと事業継承だと思います。この場合のイノベーションとは、技術開発のことだけではありません。新しいアイデアや新しい価値を創造することでもあります。

たとえば小売業。近年、関西を訪れる外国人数は大きく伸び、その伸び率は全国を上回っています。心斎橋あたりに行くと、彼らは例外なくスマホを片手に、大通りからはずれたショップや飲食店に入っていきます。黒門市場に行けば、以前にはなかったイートインコーナーが設けられ、ここも外国人旅行客でにぎわっている。これも業態に合わせたある種のイノベーションです。このことは本書を読んでもわかります。「十社十色」のイノベーションがなされている。しかし、いいものを売らなければすぐにダメになります。商品が本物であれば継続する。そしてＳＮＳの普及で、国内外から評価され、商品が売れる。国際イベントでは外国人のリピーターを獲得できるかもしれません。このことは、もうひとつの課題である事業継承とも関わってきます。

社会の高齢化に伴い、経営者の高齢化と人手不足で中小企業の休廃業が増加しています。事業そのものはもちろん、技術も継承されなくなってしまう。日本のものづくりを支えるのは中小企業です。さらにそれを支えるのが、近年はドイツ式に「マイスター」とも呼ばれるようになった職人です。あらゆる製品が、最後は彼ら職人の目と手と、勘で仕上げられる。こうした技術は学問と同じ、じっくり長い時間をかけて育てなければなりません。

また、経営者の高齢化から派生する問題として、セキュリティ管理のことがあります。よい物を作っても、セキュリティ面が弱ければ技術を盗まれてしまう。技術の継承と厳重なセキュリティ管理がなされなければ、事業が継続できない。継続できなければ、雇用も経営資源もなくなってしまいます。これは、経営者個人の相続問題ではありません。日本経済全体の問題として考えなければならないと思います。

ロボットの活用も重要なカギです。関西にはロボット・ＡＩ・ＩｏＴ関連のメーカーや、要素技術を有する企業があります。中小企業によるロボット開発はもちろん、自ら開発したロボットを自社に導入する取り組みも活発化しています。

また私は、以前から「『大阪に行ったらがんが治る』と言われるような、大阪を医療の一大集積地に」と言ってきました。ここ関西には、京大、阪大などのすばらしい医学部もあり、優れた製薬会社もあります。ＩＰＳ細胞に代表される再生医療の分野は大学を中心に先進的な研究が進んでいます。数年前には、健康被害救済や薬事の承認審査業務を担う医薬品医療機器総合機構（ＰＭＤＡ）の関西支部が、グランフロント大阪に誘致されました。これも医療関連企業にとってチャンスです。

日本全国に中小企業の数は三八〇万あり、そのうち関西二府五県の企業数は六三万以上、全雇用者数は五六〇万人です。本書を読んでもわかるように、ここ関西には、ユニークな発想や技術を持った中小企業が存在しています。

モノづくり企業が集積していること、そして観光客の増大や国際イベントでいっそう期待できる需要の拡大。関西の中小企業は、もう「地盤沈下」などと言わせてはなりません。

平成三〇年四月

衆議院議員

左藤　章

目次

目指すのは日本を代表する「観光創造企業」

株式会社ホワイト・ベアーファミリー

新しい観光資源を創出し、地域発展を手助けする

代表取締役　近藤康生

株式会社ホワイト・ベアーファミリー

〒531-0072　大阪市北区豊崎3-14-9　WBFビル
ＴＥＬ：06-6374-4631
ＦＡＸ：06-6374-4645
ＵＲＬ：http://www.wbf-hd.com/overview/
設　　立：1981（昭和56）年5月
資 本 金：8,375万円
事業内容：インターネットを使った旅行商品の企画・販売、ホテル開発事業

■人も日本も元気にする企業

「スキーが大好きで、仲間と遊びたいばっかりに始めたんです」

そう笑うのは、株式会社ホワイト・ベアーファミリー（以降、ＷＢＦ）の代表取締役、近藤康生氏である。

ＷＢＦグループは、旅行業をはじめ、ホテル・レンタカー事業など、観光業界を幅広くネットワークする感動提供企業だ。「観光」で多くの方に笑顔になっていただき、日本を元気にすることを経営理念に、常にチャレンジし続けている。

旅行業では、インターネットを使ったパッケージツアーの企画販売を柱に、年間約三〇万人の旅行客を送り出す、従業員約一五〇〇人を抱える中堅旅行会社である。沖縄・北海道をはじめとする国内旅行や、アジア方面を得意とする海外旅行を数多く取り扱い、全社員の物心両面の幸福を追求しているることでも知られる。顧客に夢と感動を伝える最高のサービスを提供することで、企業価値を高め、観光による地域発展にも貢献している。また、ここ数年ではホテル事業を展開し、国内だけでも一二軒を運営する。現在は、海外にもその足を伸ばしているパワー企業である。

■すべてのはじまりは遊び心から

その最初の一歩を踏み出したのは、近藤氏が関西学院大学に入学したときだった。

近藤氏は、高校時代からスキーやスキューバダイビングに親しむ、スポーツ大好き青年だった。知人に頼まれ、スキーツアーに手伝いとして参加したことがきっかけで、タダでスキーが出来ると喜び、ツアーの手伝いをするようになった。

そして、大学受験が終わり、入学と同時に、「さあ、遊んでやるぞ！」と意気込んだ。高校時代のスキーツアー手伝いの喜びは忘れられず、先輩に誘われるまま、ツアーの企画・運営に携わることになる。夏頃には、冬に向けてスキーツアーを企画。バスをチャーターしたオリジナルツアーを誕生させた。これが、後に近藤氏の生涯の仕事になるとは、誰が想像しただろうか。

「元々はタダでスキーに行きたい！という軽い気持ちだったんですよ」と近藤氏。

スキーは、道具、ウエア、交通費、リフト代など、結構お金がかかるので、自分たちで企画すれば、いらぬ経費もかけずに遊べると考えた。まずは遊べたらいいな、できればおこづかいが残ったらいいな、という軽い気持ちで、アルバイト代わりに、自分たちで企画しようと考えたのだ。自分が得意とするスキーで人を喜ばせたいという思いも強かったと振り返る。

当時はスキーブームで、それを象徴するかのように、『私をスキーに連れてって』という映画がヒットしていた。まさに、みんなをスキーへ連れて行ったのである。自分の好きなことをみんなに勧め、一緒に行って、得意のスキーを教えることで自分も嬉しくなる。そして、みんなが楽しむ姿を見ることで、更に嬉しくなる。この喜びは格別だった。そう、ただ遊びたいだけではなく、そこには〝ホスピタリティ〟の心が垣間見えていた。近藤氏の原点である。

一回生のときに始めたスキーツアーは、二回生のときには自分自身で企画・運営する本格的な事業となっていった。スキーシーズンである一〇～三月は、学業と平行して、ツアーの企画販売に没頭していた。

シーズン中は、集客、営業、実際のツアー運営に追われた。ツアーで使うバス会社や宿の主人との打ち合わせなど、学生とは思えない動きに超多忙を極めた。

夏休みが終わり、九月になると印刷会社とチラシの内容を詰め、出来上がったチラシは学内で配布した。食堂へ行って配布したり、大講堂での授業には人が大勢集まることから、各座席にチラシを置いていったりもしたという。友達に声をかけて誘ってもらうこともあった。同級生や後輩も参画してくれ、人海戦術による集客が功を奏し、ツアーは少しずつ周知され、関西中でＷＢＦの名前が聞かれるほどの大きなツアーとなっていった。

そして、ついに、三回生になってからは、冬だけではなく、夏の沖縄や与論島ツアーの造成も始めたのである。振り返ると一年中、ツアーの企画販売活動に明け暮れる大学生活になっていた。

ではなぜ、学生でありながら、スキーツアー企画にそんなに没頭できたのか。

根底にあるのは、「一度でも参加してくれたからには、絶対に喜んでもらおう」という〝ホスピタリティ〟だった。そして、実際に楽しみ、喜んでもらえれば、必ずリピートしてくれる。口コミ効果も生まれ、どんどん集客するようになっていったのは、まさにその近藤氏の気持ちをお客さんが感じたからに違いない。

ひと冬に二度三度と繰り返して来てくれる人も多かったという。スキーツアーは、関西を夜に出発し、信州などへ行く。夜行バスで行き、夜行バスで帰るのだが、帰りに解散するときには、涙する女子大生もいた。その姿を見て、こちらが感激する場面もあったという。体験を作るという仕事は、最高だと感じた瞬間である。後に、会社のコンセプトとなる「全ての方にハッピーメモリーを」という言葉も、この体験から生まれた。

ツアー企画に明け暮れた大学生活だったが、四回生になって、周囲が就職活動をしていく中でも、近藤氏は同じようにツアーの実施に尽力していた。気がついたら卒業式になっていたという。就職活動らしきことも少しは試みたが、「スキーツアーが忙しくてそれどころではなかったからね」と笑う。

■〝観光業〟という最高の仕事にチャンスあり

WBFが株式会社として設立されたのは、大学卒業後、三年目のことであった。

当時、ホワイトベアーに関わる後輩が一〇〇名くらいになっており、近藤氏が卒業してもツアーは例年通り催行できていたため、近藤氏自身の環境は、大学を卒業する前も後も何も変わらない。そんな生活が二年ほど続いたとき、ふと「自分の立場を聞かれたときに、しっかりと説明できない」ことに〝かっこ悪さ〟を感じたのだった。会社員でもない。旅行会社でもない。ただ学生ツアーの延長線上の作業を繰り返す立場に、一線を引こうという気持ちが頭をもたげた。卒業後も近藤氏についてきてくれた仲間もいた。彼らのためにも、この仕事で食べていくために会社組織にしようと決めた。そう決心するのに、時間はかからなかった。

これが、企業「株式会社ホワイト・ベアーファミリー」の誕生である。

会社となれば、どういった商品を作っていけばいいか、どういう商品が集客につながるのか、考えるのは当然となる。すでに学生時代から企画していた与論島ツアーも商品として人気を得ていたが、旅行会社として、北海道から沖縄や石垣島、ヨーロッパ、アメリカ、全世界を視野に入れて旅行商品を企画していかなければいけない。社員全員が、どういう商品を開発すればいいかを常に考え、お客様に喜んでもらえる商品として販売していった。

大学一回生のときに始めたスキーツアーから四〇年以上経った現在、近藤氏はあらためて分析する。

「こんなに観光チャンスのあった時代はない」と。

日本国内の旅行は、データで見ても二〇年以上成長していない。日本の人口もこれから減っていくのでさらに厳しくなることが予想されている。

その中で、五年ほど前から、インバウンド（訪日外国人旅行）が毎年増えていっている影響は大きく、日本国内に宿泊している延べ人数を見ても、人の移動を見ても、成長してこなかったマーケットが活性化してきているのだ。さらに、関西国際空港に滑走路が二本あることも影響してか、関西に来る観光客が圧倒的に増えてきている。

「すごいチャンスだと思いますよ」近藤氏の言葉にも力が入る。ビジネスを始めるチャンスもたくさんあるというのだ。

多くのビジネスは資本力が必要だが、観光はアイデア次第。大企業・大資本にはできないものも可能だと考えられる。いかに楽しんでいただけるか、いかに喜んでもらえることを考えるかなのだ。誰にでもチャンスはある

という。

そして、観光はその場所に行って楽しむもの。それは地方の活性化にもなるし、地方創世にもつながってくる。ＷＢＦにもいろいろな分野から声がかかっている。そういう環境を踏まえて、関西を中心に本格的にホテル事業を展開していくことを決めた。これもひとつの地方創世だと考えている近藤氏。

「お客様は旅行を通して見知らぬ土地に行くことで、うきうきしますよね。そういうお手伝いができる我々もうきうきします。そして、そこでサービスを提供することで、さらに喜んでもらえる。観光業という、これ以上素晴らしい仕事はないと思うし、アイデアを生かせるチャンスもないと思っています。」

学生で〝ホスピタリティ〟に目覚めた青年の目は、四〇年経った今も同じ輝きを放っていた。

■関西の未来を見据えてホテル事業に参入

ツアーを販売していく中で、旅行だけでは価格競争となり、撤退していく同業者も多く見てきた。そんな中で、旅行とシナジー効果のあるホテル事業の必要性を感じ、一二年前からこの事業も開始。最初は沖縄。次に札幌と展開。沖縄のホテル事業立ち上げ時には、資金、地域、行政の壁に阻まれ、立ち往生したこともあった。しかし、ここでも「沖縄の海を眺めながら、温泉に浸かり、夕陽を眺める感動をみんなに味わって欲しい」という一念から、ついに実現させるまでに至った。「人に喜んでもらいたい」という近藤氏の強い強い思いの結果である。

現在では、北海道から石垣島まで、一二軒のホテルを運営するまでに成長した。そして、二〇一七年には、大阪で五~六軒、二〇一八年にはさらに大阪だけでも一二~一三軒を開業する予定だ。

すでにインバウンド入国者数は二〇〇〇万人を超えており、二〇二〇年には国策として四〇〇〇万人にするという。まさにインバウンド対策が必要になっているのである。

外国人観光客が増えることによって、観光地としての大阪が注目を浴びるようになってきた。外国人観光客の中でも、どこに行きたいか？ という問いに、必ず大阪がベスト3に入ってくるようになったことは、関西にとって喜ぶべき事実だ。

その理由は、やはり、「二〇世紀の三大バカ事業」とまで言われていた関西国際空港の二本目の滑走路建設にある。現在、新しい航空便を受け入れるための発着枠に余裕のある空港は、日本国内では関空しかない。結果的に、関西に経済効果をもたらす事業となっている。また、USJの成功も大きな要因だろう。そういった関西への追い風が、観光客を大阪へ流入させており、それは、まだこれからも伸びていくと予測されている。

すでに人気の京都・大阪・神戸・高野山だが、さらに関西は世界から人が集まる街となり、「世界の関西」になっていくだろうと近藤氏は分析する。「観光地としての関西の魅力はかなり高い」とも語る。上方文化、グルメ、ファッション、ロケーションなど、すべてが集中している〝ごちゃごちゃ感〟は、関西の魅力であり、観光地として持つべき要素を兼ね備えているといえるのだ。

商業の街・大阪に夢が湧いてくる。観光が関西に及ぼす経済効果はすごいものになるだろう。

■観光には夢あり、何よりチャンスあり！

今後、ホワイト・ベアーファミリーが目指すのは、その地、その地に合ったホテルの開発だ。

「金太郎飴のように、同じホテルをたくさん作っていきたいとは思っていません。地元の方々に喜んでもらえて、お客様にも印象深い、かつ感動していただけるようなホテルを建設したいと思っています」

近藤氏は続ける。

「WBFのホテルはいいよねと言っていただけるサービスと施設を提供しなければなりません。そう、強く思っています」目指すビジョンが明確にわかる言葉だ。

このコンセプトは、「一度でも参加してくれたからには、絶対に喜んでもらおう」という、学生時代のスキーツアーを始めた頃の気持ちと同じだということに驚く。

はじめも、今も、これからも。近藤氏の根底にあ

るものは、この〝ホスピタリティ〟なのだと、言葉の端々から感じるのである。

「旅行に行って、その場所や国を好きになるか嫌いになるかで、経済効果とはまた違った影響があると思うのです。関西に来たお客様に喜んで帰っていただき、もう一度日本に行きたい、大阪が好きになった、と言っていただいたら、いろいろなことに好影響が及ぶのではないでしょうか。そしてそれは、今後の日本経済にプラスに働くことにつながるのではないでしょうか」

観光都市として発展してきている関西。関西から日本を元気にしていきたい。それが近藤氏の〝ホスピタリティ〟を持つWBFの目標であり、使命なのではないだろうか。

WBFグループが目指しているのは「観光創造企業」。新しい観光資源を創出し、地域の発展を手助けする。日本、さらには世界中のお客様をターゲットに、近藤氏の挑戦は続く。

「旅行会社の評価は、お客様が楽しかったか楽しくなかったかです。ストレートに自分たちも楽しんで、お客様にも楽しんでもらう。お客様を喜ばせたいという気持ちは、今も同じ。当時と変わっていません」

学生時代、ツアー終わりに別れを惜しんで泣いてくれた女子学生のように、インバウンド観光客の方々が日本を出国するときに、大好きな日本から離れがたくて涙してもらえる日も近い。

「いちびり精神」から生まれるアイデア

通天閣観光株式会社

アイデアは「好き」から生まれる 大阪の経済を牽引する通天閣 快進撃の秘密は、日本一おもろい社長にあり

代表取締役 社長 CEO

西上 雅章

通天閣観光株式会社

〒556-0002　大阪市浪速区恵美須東1-18-6

ＴＥＬ：06-6641-9555

ＦＡＸ：06-6641-9559

ＵＲＬ：http://www.tsutenkaku.co.jp/

設　　立：1955（昭和30）年7月

資 本 金：1億500万円

事業内容：通天閣の運営

■年間来場者数一三二万人達成。社長就任後、V字回復を実現

東京の新名所、東京スカイツリーが「世界一の電波塔」ならば、大阪のシンボルタワー・通天閣は「日本一おもろい塔」だろう。通天閣は、二〇一二年度に開業一〇〇周年を迎え、入場者数が一三二万人を達成。その後も勢いは続き、連日、全国からの観光客やインバウンドの外国人、府外の友人を連れてきた大阪の若者、カップルや親子連れ、修学旅行生などでにぎわっている。

「私のキャッチフレーズは、『日本一高い塔にはできへんけど、日本一おもろい塔を目指す』です。大阪らしいおもしろさや人がびっくりするようなことをする『エンターテインメントの塔』を作ろうと、他にはない企画やイベントを考えています」

と話すのは、通天閣を運営する通天閣観光株式会社の西上雅章社長だ。

西上氏は、社長就任後、一〇〇周年を機に展望台を金ピカにリニューアルしたり、ビリケンさんが鎮座する金のビリケン神殿を設けたりと、次々と話題性のある仕掛けを繰り出し、通天閣をV字回復させた張本人である。

■大阪らしい「ひとひねり」で「日本一おもろい塔」へ

今では大阪の観光名所として確固たる地位を築いている通天閣であるが、昭和五〇年ごろには、オイルショックや円高不況、光化学スモッグなどの影響もあり、累積赤字五〇〇〇万円、年間来場者数

も一九万人という時代があった。

そのどん底の時代に、経営再建に乗り出したのが、西上氏の父である西上一氏である。

ご承知の通り、現在の通天閣は二代目で、初代通天閣は太平洋戦争末期に近隣の火災で類焼し姿を消してしまった。戦後の暗闇の中、「やっぱり通天閣がないとあかん」という新世界の町民たちの熱い思いを受けて、昭和三一年に新世界の町内会の商店主たちが少数の株を持ち合う形で資金を募り、現在の二代目通天閣が再建されたのである。二代目通天閣再建から一〇年ほどたち、開業ブームが去った昭和四〇年代後半、通天閣の資金繰りが悪化し、当時の経営陣が借金の担保に株を取られてしまった時期があった。その株を取り戻す形で社長になったのが西上一氏であった。

「父は、私から見ても人から尊敬される人物でした。当時、新世界で飲食店をしていた父は、町会の連合会長をやっていたので、倒れかかっている通天閣を立て直すため、私財を投げ売って社長になったのです。紙くず同然になりかかっていた株でしたが、父は何とか立て直せると自信を持っていたようです」

その言葉通りに、来場者数は二〇万人、五〇万人と増加していく。西上氏が社長に就任したのは、二〇〇三（平成一五）年。メディア露出も増え、順調に増えていた入場者数が、七〇万人を突破したあたりで頭打ちになっていた時だった。

社長就任時、西上氏は役員や従業員を集めて第一声こう言った。

「高さを売る時代は終わった。通天閣は、他のものを売っていかなあかん。これからは『大阪』を売っていこう。おもしろくて人がびっくりするようなことをやっていこう。エンターテインメント性のある塔にしていかなければ、お客様は来ない」

そう感じたのには理由があった。当時の入場料は五〇〇円だったが、エレベーターでお客さんが「五〇〇円は高いな」とつぶやくのを耳にしたのだ。五〇〇円を安く感じてもらえるようなタワーづくりをしなければ生き残れないと強く感じたのだという。

西上氏が第一に取り組んだのは、トイレの手直しである。当時は観光塔なのにトイレが汚く、男性トイレのほうが女性トイレより広かった。これからの女性トイレには、化粧直しをするスペースも必要だし、子供連れにはおむつ替えや授乳スペースも必要だと考え、男女のトイレの広さを逆転させ、清潔感あふれる空間を作り上げた。

高さを売るのではなく、大阪らしいひと工夫、ひとひねりで勝負する。西上氏の思いは、二〇一二年に一〇〇周年事業としてリニューアルされた各フロアを見ればよく分かる。

象徴的なのは、五階展望台だ。それまでは、眺望のみを売りにしたガランとした空間だった。そこに、豊臣秀吉の金の茶室をイメージした「黄金の展望台」を作った。壁は金一色、床は赤。通天閣を支えてきたビリケンさんもリニューアルし、新しい三代目を誕生させた。アメリカ生まれの神様らしく、髪は金髪、体も金ピカだ。

「当時はパワースポットが流行っていたので、通天閣をパワースポットにしようと思いました。ビリケンさんの中には、『ビリ金さん』という胎内仏が入っていて、お堂も、ビリケンさんはアメリカ生まれだから、ホワイトハウスを模して作りました」

さらに、ビリケンさんの顔をしたアメリカンヒーローを「変わりビリケン」として展示した。ポパイ、バッドマン、マリリンモンローなどの顔がビリケンさんなのだ。足をなでるとご利益があるということにちなんで絵馬も足形に。そして、通天閣は上から見ると八角形をしていることから、ビリケンさんに七福神をプラスした「八福神めぐり」も仕掛けた。御朱印帳を手に、足の裏を触ると「もうかりまっか」「なんでも願い事を聞きまっせ」と大阪弁をしゃべるビリケンを巡る。大人も子供も、ビリケンさんと一緒に写真を撮りたいと行列ができた。

■通天閣を大阪文化の発信基地に

「通天閣を大阪文化の発信基地にしたい。僕は、その基地の隊員です」

社長自ら、テレビやマスコミの取材にも精力的に出る。庶民派社長は、根っからの楽しいこと好きで、自分が広告塔になるのもおもしろくて仕方ないという。「オンリーワンなことが好き。人と違ったことをやりたい、時代の半歩先を行きたい」と常に考えている。

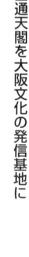

アイデアはどこから来るのかと聞くと、「フラッシュアイデアですわ」と一言。「こんなんやったらおもろいな、とパッと思いつく。人と話しているときに、ヒントがあることも多い。決定権が自分にあるから、社長でよかったなと思ってますわ」と笑う。やるかやらないかの判断は、「おもろいかどうか」と極めてシンプルだ。お金をかければ何でもできるが、お金をかけずにアイデアで勝負するのが「ほんまにおもろいもん」だと考えている。

思いついたことを人に話すと、協力者は自然と現れる。通天閣ロボを作った時もそうだった。「ロボットを作りたい」と話していたら、たまたま日本橋の電気街の方と接点があり、「町おこしで通天閣ロボを作りましょう」と向こうから声がかかった。先方は小さなロボットをイメージしていたが「小さなロボットを作ったって注目されへん。作るんやったらせめて一メートル以上のものや」という西上氏の提案で、身長一七〇センチのロボットになった。制作にあたり西上氏が注文したのは、ただひとつ。

「カッコいいロボットは必要ない。アトムとかガンダムとか、鉄人28号のようなものではなくて、大阪のおっちゃんのロボットを作ってくれ。大阪弁をしゃべって、二足歩行ができて、おもしろい動きをする。そんなロボットや」

そうして、設計から電子材料・加工・造形に至るまで、すべて日本橋商店街だけで作り上げた通天閣ロボが完成した。「大手企業に頼んでお金をかければどんなことでもできる。そうではなくて、日本橋のネジ屋さんやロボットを作る人やいろんな人が集まって作ってくれた。そやから値打ちがあるんです」

一社だけでなく、地域で一緒になって作る。そこに通天閣も絡む。そこに価値があると西上氏は考えている。

■「好きになること」からアイデアは生まれる

新世界で生まれ育った西上氏にとって、通天閣は「父親的な存在」だった。自宅は通天閣の北側、学校は西側、父が経営していた店が南側にあり、天王寺公園や動物園がある東側が遊び場。まさに通天閣の周囲が生活圏のすべてだった。

「子供のころから、大阪で言うところの、いちびりですわ。周りの人に、これをやると喜ばれるかな、ちょっと笑ってもらえると嬉しいな、というサービス精神は旺盛だと思う。商売人の子ですから。みんなが笑って喜んでくれるのが一番」

小学生のころは、植木等が流行っていたので、机の上に立ってスーダラ節を歌い、女の子を笑わせていた。中高一貫校に進学してからは遊びほうけていたが、中学の国語の先生の影響で本はよく読んでいた。純文学、大衆文学、推理小説など、今も好きでよく読んでいる。

子供のころから、人が海に行くといえば山に行きたいという性格だった。制服も、人と同じものを着るのが嫌で、開襟をボタンダウンにしたり、ちょっとでも人と違うことをしたいと常に思っていた。高校の時は、家庭教師の先生と、勉強もせず政治や映画の話をよくした。一人っ子だったので人懐っこく、年上の人に好かれるタイプ。社会に出てからは、この性格が強みに変わった。

幼いころ、父に「お父さんにとって通天閣はなんですか？」と聞いたことがある。当時社長だった父は「通天閣は俺の恋人や」と答えた。そのときは、へぇと思っただけだったが、今、自分が通天閣はどんな存在かと聞かれたら同じく「通天閣は恋人です」と言うだろう。好きで好きでたまらない存在。社長になって一〇年経ち、父の気持ちがわかるようになった。

そんな西上氏だから、「アイデアは、通天閣を好きになることから生まれてくる」のだ。従業員にも「自分の会社を好きになりなさいよ」と口酸っぱく言っている。若い従業員の感性は、自分にはないものだ。発言しやすい雰囲気を作り、アイデアを出してきたら「やってみぃ、失敗してもかまへん」と背中を押す。社長としてフレキシブルであることを心掛けている。

二代目通天閣ができた当時は、「世界初」「世界最大」をウリにしていた。「世界最大の円形エレベーター」「世界最大の時計」などだ。だから、自分の代にも「世界初」を作りたいと西上氏が取り組んだのが、「世界初の免振展望タワー化」。展望塔の免振改修は、世界で初めての取り組みであった。さらに、父から「初代通天閣の天井画はきれいかったんやで」とよく聞いていたので、初代通天

閣にあった天井画を復刻した。当時の写真をもとに日本画家が原画を製作し、現代の技術でよみがえらせた。

■新世界を、大阪を、通天閣から元気にしたい

面白くて、大阪らしいことがしたい。そこには、一〇〇年以上の歴史や文化を継承していきたいというベースがある。変革、イノベーションの積み重ねが伝統を作ると思っている。少しでも変えていかないと、伝統を守るだけでは衰退する。そういう意味でもひと工夫、ひとひねりが大切だと考えている。

「通天閣は、大阪のシンボル。小さいながらも頑張っていると、周りの皆さんにサポートしてもらっている部分が大きいと感じます。二代目通天閣を復刻したのは、この地の商店街の七人のおやっさんたちです。だから今でも『みんなが守

る』という精神は受け継がれています」

新世界という地域と通天閣は運命共同体で、通天閣が良くなれば新世界が潤い、新世界が潤えば通天閣の来場者が増える。今まではそういったスポット的な考えが主だったが、今は、もっと広いエリアで、「大阪」「関西」という視点で考えているのだという。特に近年は、インバウンドのお客様が増えているので、京都や神戸、和歌山も含めた「関西」に人を集めて、そのうちの数パーセントでも通天閣に来てくれればいい。西上氏の口からは、何度も「関西を元気にしていきたい」というセリフが出てくる。

大阪の中でも、梅田は東京ナイズされたおしゃれな町だ。関西以外の人からすれば、大阪らしさを感じたいなら、道頓堀や法善寺横丁、キタならお初天神あたりに行くだろう。中でも、新世界は大阪らしさが色濃く残っている町だ。おしゃれになる必要はないと考えている。

新世界という町は、大正元年に「つくられた町」である。一般庶民がまだ世界旅行など行けない時代に、世界を感じる町を作ろうと世界の様々な建物を模して造られた、今でいうテーマパークであった。そのランドマークタワーが初代通天閣だったのだ。凱旋門の上にエッフェル塔というスタイルは、当時はものすごくモダンだった。もし戦争がなく、そのままの新世界が残っていたなら、世界遺産になっていたのではないか、と西上氏は語る。

今の二代目通天閣がある新世界は、昭和の香りがするレトロな町だが、初代通天閣の時代の新世界は、キタにもミナミにも引けを取らない関西一モダンな町だった。千人ほどの女性が働く大正モダンの町だったのだ。

「昭和レトロの残る今の新世界という町を残していきたい。大型商業施設が大阪にもあちこちにできているが、新世界にその波が入ってこなくてよかったと思っている。ここは、いわば守られた街なのです」

かつて新世界には、戦前戦後を通して映画館が二〇軒以上あり、三大演芸映画の町だった。それが斜陽産業になり、代わりに入ってきたのがパチンコ文化だった。そこから新世界が「おっちゃんの町」になった。近くには釜ヶ崎という労働者の町があり、そこで暴動が起きるとニュースに通天閣が映った。そういうダーティなイメージもあったが、ここ一〇年ほどで町のイメージも変わってきたと感じている。

もともとは国内のお客さんが九割以上だったが、ここ三年でインバウンドのお客さんが三割ほどに増えた。新世界の串カツブームもあって、若者のカップルや女性客も増えている。

西上氏の持論は「ナンバーツーが頑張らなあかん」である。東京に一極集中するのではなく、日本を元気づけるには、大阪が頑張らなあかん。大阪の中でも、キタは行政がお金をかけて変わってきているが、ミナミが頑張らんとあかん。高さだけで比べると通天閣にとって「あべのハルカス」はライバルになるが、ハルカスにはないものが通天閣にはある。お土産一つにしても、おしゃれなものより、おもろいもの。大阪らしさ、おもしろさがある。

通天閣はこれからも、大阪のシンボルとして、多くの人に愛され可愛がられる「大阪の文化発信基地」であり続けるだろう。社長のいちびり精神で培われた「おもろい」企業文化で、日本中が、そして世界があっと驚くような企画で、私たちを楽しませてくれるに違いない。

将来を見続ける気持ちが成功へとつながる

有限会社ヨドガワコーポレーション

ネバーギブアップ！あきらめない精神 続けることが成功への近道

代表取締役　小倉 庸敬

有限会社ヨドガワコーポレーション
〒570-0006　大阪府守口市八雲西町2-10-15 ヨドガワエステートビル3F
TEL：06-6995-5545　FAX：06-6995-5554
URL：http://www.yodogawa-ss.com/yodogawa-corporation/
創業：1997年
法人設立：2003（平成15）年7月　資本金：300万円
事業内容：ドイツ パフ（PFAFF）社製 シート溶着機の輸入販売及び修理、スイス ライスター社製 熱風機 溶接機の代理店販売及び修理、ライスター 熱風機 溶接機のNET販売、シート溶着機 熱風機 中古製品の販売及びレンタル、シート溶着機 熱風機の下取及び買取、賃貸マンション、不動産経営及び管理

■開発魂が生みだした二社を牽引

大阪府守口市役所に行くと、まず目に飛び込んでくるものがある。電気自動車「Ｍｅｇｕｒｕ」だ。守口市の町工場のおやじたちが、電気自動車づくりに挑戦しつづけた結果、二〇一〇年四月、自然にやさしい、人々に愛される電気自動車「Meguru」が生まれた。この開発に携わったのが、有限会社ヨドガワコーポレーションの代表取締役・小倉庸敬氏である。

電気自動車の開発は、ヨドガワコーポレーションの親会社である株式会社淀川製作所として取り組んだ「あっぱれＥＵプロジェクト」。淀川製作所は、小倉氏の父・義久氏が立ち上げた会社だ。

その後、国内シェアナンバーワンの拝み式溶着機械メーカーとなるヨドガワコーポレーションは小倉氏自身が淀川製作所の中に立ち上げた事業であり、現在、小倉氏は父から引き継いだ淀川製作所も含め法人四社の社長を兼務するという多忙な毎日を送っている。

環 -Meguru-

■自分自身の事業の立ち上げとなる新事業部の設立

先代から続く淀川製作所は、松下電器の下請工場として操業していた。しかし、二〇〇〇年以降、松下電器の製造工場が海外に移り、国内の関係工場は低迷。淀川製作所もそのひとつだった。そんな中、父親が肺がんになる。小倉氏は四〇歳で父の後を継ぐことになった。

それまで約二〇年、父親の下で現場、営業などのノウハウを身につけてきたので、引き継ぎに不安はなく、二代目として、会社を守っていかなければならないという思いが大きかった。その一方で、一から事業を起こしたいという気持ちもあった。もっとグローバルに、もっと広い世界で…という思いがあったのだ。

淀川製作所として様々な商品開発を行い、その技術力を評価されるようになった頃、ドイツの工業用ミシン会社「パフ社」から、ウェルディングマシン（溶着機械）事業部門を引き受けないかという話が飛び込んできた。土壌汚染やトンネル工事時に、溶着させて水が染み出してこないようにするために必要なウェルディングマシン。このウェルディングマシンを販売していた外資系企業が日本から撤退するということだった。

興味はないと言っていったんは断った小倉氏だったが、日本パフ社の社長直々の打診に、「機械を売るだけなら」と、代理店契約を結ぶことを決めた。淀川製作所の新規事業部としての立ち上げだったが、これが小倉氏自身で起こす初めての事業となった。

■一〇年二〇年先を見据える洞察力で、環境に着目

一九九六年、バブル経済崩壊後数年経ち、日本列島改造論の下の土木工事全盛期も終わりを告げ、どんどん公共工事を減らしていた時代。下火だった建築土木分野だったが、小倉氏はなぜ代理店事業を引き受けようと思ったのか。

「僕は将来、一〇年後、二〇年後、絶対に環境は厳しくなるだろうと考えていました」

ヨーロッパは環境や土壌汚染に厳しい。日本も将来的には厳しくなるだろうと予想していたという。

しかしその船出は順調ではなかった。世界のルールはキャッシュ&デリバリー。日本のやり方とは違ったため、当初は苦労の連続だったという。売上は年間二〇〇〇万円が精一杯。ドイツから来た部品の在庫は、まさしく山となって積み上がっており、五〇〜一〇〇年分くらいはある量だった。新たに人を雇用するどころではなく、既存の社員が本業と並行して切り盛りする状況だった。

その後、「町工場が海外へ送金している」と税務調査が入ったことをきっかけに新規事業部を独立させて新会社を設立。現在のヨドガワコーポレーションとして産声をあげ、この時点で、小倉氏は二つの会社の代表を兼務することとなる。

自分で一から立ち上げた事業は、もちろんリスクもあるが、すべて自分の好きなようにできる喜びがあったという。

「自分が産んだ会社は、俺が死んだらもうええやろ、といえる気軽さはあったわね」

引き継ぐということは伝統を守らなければいけない。二代目というだけで、預ったものを守りなが

ら、攻めなければいけない。変化していかなければならない難しさがあり、「あかん、やめとくわ」と言えないもどかしさやプレッシャーもあったと振り返る。これが伝統の重さなのだろう。

■公共事業が伸びてきている中で見据える未来

現在は、北陸新幹線やリニアモーターカー、東京オリンピックなどに伴い公共事業がどんどん進められている。地下を掘る事業が増えれば増えるほど、溶着機の需要は高くなる。当初は二名だった社員が、今や六名に増加。事業が上向きになってきているのを感じているという。

飛躍的に伸びたのは三年前。パフ社が日本から完全撤退することになり、その製造権を得た上で同じ機能のマシンをより使いやすく、より軽量化して自社製品として改良開発し、メーカーとして再スタートを切ったことがきっかけだ。

新規参入企業も現れたが、これまで出回ってきたドイツ製の頑丈なマシンは、部品さえ交換すれば一〇〇年でも使い続けられるような強者だ。ヨドガワコーポレーションはそのメンテナンスを一手に引き受けているため、とことん勝負できる技術と環境があった。

「二部上場企業だったパーカーコーポレーションという会社の土木用拝み式溶着機部門も衰退の一途をたどっていました。結局その部門の権利を当社が買い取ることになり、溶着機械シェア九九%、全国ナンバーワンとなったわけです」

実は、その部門の買い取りについては二年も三年も前から狙っていたのだと小倉氏は笑う。

「二〇年前に『やっぱりドイツの機械は丈夫でいい』と言っていたんです。そして、二〇年経っても全然大丈夫。しかし、さすがに三〇年経つと、少しずつメンテナンスも必要になってくる。そこで先を考えて業者を回り、全部買い取っていったんです。中古でつぶれているものや動かないものも何でも買います」

　ともすれば無謀とも思えるこの行動は、技術を持っているからこそ、また、開発者小倉氏だからこそできた経営戦略なのだ。

　驚くべきことは他にもあった。死んでいたマシンを生き返らせた後、そのマシンを販売することをしなかったのである。

「売ってしまったらそれで終わりでしょう。だから売らずに、全部レンタルにしたんです」

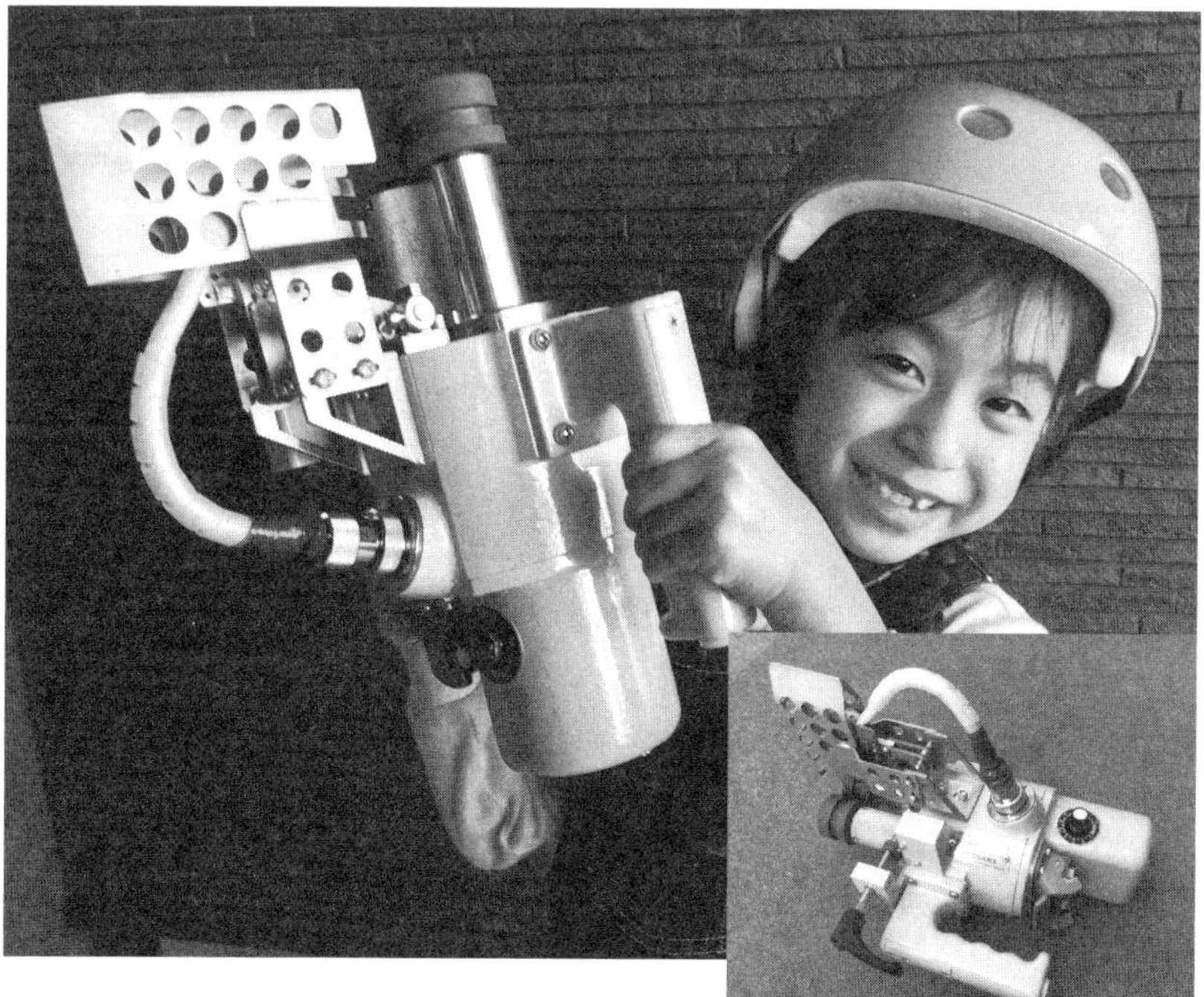

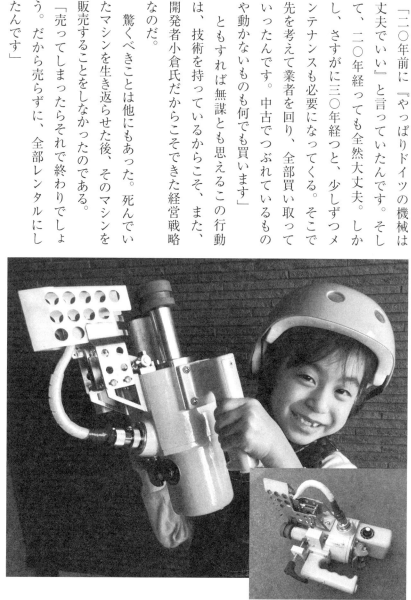

ここでも、未来を見据える視点が伺える。レンタル品がすべて出払ってしまったときに、市場が伸びてきていることを確信したという。

「今からさらに一〇年後、二〇年後も楽しみです。市場がまだあるからね。リニアや新幹線など、日本の大動脈を支えているんだという自負があるんです」

環境問題に取り組んできたことを見込まれ、東北大震災後には需要が大きくふくれあがった。福島原発事故の汚染土壌を入れた袋の圧着は、ヨドガワコーポレーションの溶着機が請け負っている。

常に革新的な視点を持ち、将来を見据えてものづくりを行ってきた小倉氏のこの洞察力が、会社の将来を導いてきたといえるだろう。

■経営理念は「ものづくり」「ひとづくり」「顧客づくり」

小倉氏は小さい頃から、ものをつくることが大好きな少年だった。ラジオやテレビを分解したり、モーターを利用してホバークラフトを作ったりした。木にタイヤのチューブを巻いて、作ったホバークラフトは、学校で賞を取ったこともある。なにも無いところからものを創り出すことが好きだった。

淀川製作所に入社してからも、車いすの女性のためのウエディングドレスを製作。ホテル業界に旋風を巻き起こした。事業としては、なかなか軌道に乗らずに終わったが、立ったり座ったりできる車いすを作り、それにドレスを装着。車いすの花嫁もウエディングドレス姿で結婚式が挙げられるようにしたのだ。

そして今度は電気自動車を作った。商売にならないのでやめようと思ったそのとき、大阪や長崎のテーマパークに納品することになった。その結果が、今のEVロードトレイン開発へとつながった。「続けること」。この言葉が成功への重要なキーワードになっている。

ものづくりの醍醐味は、なんといっても「人に喜んでもらえること」。他では出来なかったことでも、やってくれないかと頼られれば、「よしやってやるぞ！」と燃えてくる。様々な技術を寄せ集め、必要な人材を集める。プロジェクトチームができ、完成したときの達成感こそが醍醐味なのだと語ってくれた。

■今後の夢は、多分野でシナジー効果のある〝ものづくり〟

これからの目標のひとつとして、「自社製品化した溶着機械を更に軽量化していきたい」と語る。

パフ社の代理店ということで信頼を得て、二〇一〇年からは、熱風で溶着する機械を持つスイスのライスター社とも代理店として提携している。ここでは、カスタマイズして販売できることが強み

だ。先端のノズルの大きさ、角度や細さなど、要望の異なる顧客それぞれに合わせてカスタマイズして納品している。これはヨドガワコーポレーションが、要望に応えられる技術を持っているからこそ実現したことである。

さらにはその技術力への信頼から、異業種・分野からのオファーも多い。

現在開発しているものは、医療器としての体位変換装置。床ずれ防止やおむつ替えのときに使用する装置の依頼だ。大阪大学から開発費の協力を得て開発を進めている。

他にできる会社がない案件が、最終的に小倉氏のところに持ち込まれることも多い。そんなときもまず、できるできないは別として、ここまでならできると提案するのがヨドガワコーポレーションのやり方である。

「ものづくりのプロ集団である淀川製作所とリンクしているので、カスタマイズできる強みがありま

す。今後も〝シナジー効果で付加価値のあるものづくり〟を実現していきます」

小倉氏の目は、ものづくりのプロとしての輝きを増している。

■輝く人の集まる場所、ヨドガワコーポレーション

外資系企業の販売代理店としてスタートしたヨドガワコーポレーション。創業当初は四苦八苦したが、ようやく商売として軌道に乗ってきたという。

新規事業を立ち上げてまもない頃は、細々とならなんとかやっていけるのではないか、誰も手をつけない分野を引き受けることで可能性があるのではないかと考えていた。そうして外資系から部品を受け継ぎ、我慢して、我慢して続けていたら、自社製品を開発する〝メーカー〟になっていた。まさに「継続は力なり」である。

「一〇年辛抱したら、メーカーになれる！　時代が変りますからね。時代が味方するのかもしれません」

志を高く持ち、気持ちをしっかりと持っていれば、下請けの中小企業だってメーカーになれる。小倉氏の歩んできた道にそれを証明する轍がある。

「病は気から。元気の気も、病気の気も、すべて自分の心のありかたですから。いかに最後まであきらめずにやれるかが、ひとつのキーワードじゃないかなと思います」

ネバーギブアップ！　淀川製作所！

ネバーギブアップ！　ヨドガワコーポレーション！


この精神をたくさんの方に伝えていきたいと話す。

また、社員へ伝えたい想いを聞いた。

「自分の人生なのだから、納得のいく充実した人生を送ってもらいたい。そのためにも、自分が成長できるシチュエーションとして仕事を捉えて、与えられた場所で輝いて欲しいと思っています」

〝ものづくり〟と共に大切にしている〝ひとづくり〟のすべてが、この言葉に表れている。

淀川製作所創業五二年。ヨドガワコーポレーション創業二一年。ここまで会社を継続してこられたのも、取引先の皆様や従業員の皆様のおかげだと小倉氏は感謝している。

輝く人の集まる場所。それがヨドガワグループなのだ。

忍耐と愛情で丸ごと包み込む、手厚い人材育成で成長

株式会社プロアシスト

女性視点と中小企業の立場から大企業に社会にもの申す「存在感」を発揮！

代表取締役社長　生駒　京子

株式会社プロアシスト

〒540-0031　大阪市中央区北浜東4番33号 北浜ネクスビル28F
ＴＥＬ：06-6947-7230
ＦＡＸ：06-6947-7261
ＵＲＬ：http://www.proassist.co.jp/

設　　立：1994（平成6）年4月
資 本 金：5,000万円
事業内容：製造業に対応する制御機器の設計・開発センシング＆コントロール技術開発、Web技術でのICTシステムの設計・開発、モバイルアプリ開発、HP制作

■反骨よりも従順、知性を生かして素直に成長！

村田製作所のロボットチアリーディング部員一〇人がボールに乗って器用に動くコマーシャルを見たことがあるだろうか。倒れそうで倒れないし、ぶつかりそうでぶつからない。不思議に思い、記憶に残っている人も多いだろう。絶妙な距離感でぶつからずに動き続ける、あのパフォーマンスを可能にしている三次元超音波センサを開発したのが、プロアシストである。舵を取る代表取締役・生駒京子氏は、内閣府「女性のチャレンジ賞　特別部門賞」受賞はじめ、経済産業省「がんばる中小企業・小規模事業者300社」選出、同じく経済産業省「ダイバーシティ経営企業100選」受賞など、主婦として家庭も支えながらの躍進とその功績に、各界から高い期待と注目が寄せられる人物である。

幼少の頃よりさぞかし独立心旺盛でいつかは起業をと夢見て止まぬ、女傑ぶりを発揮していたのだろうと思いきや、生駒社長の口から出た言葉は「バカが付くほどの数学好き。将来は数学の先生になろうと思っていました」。聞けば、ご両親ともに教師。しかし「勉強は強要されることなく、自由奔放に育てられた」と言う。そんな両親が唯一、難色を示したのが進路だった。自分たちと同じ教育の道を進もうとする娘に、まさかの反対の意を唱えたのだ。代わりに、両親が示したのが、情報工学系だった。当時は設置されて間もない頃、「詳しくは分からないが、数学に近いものはあるかな」と純粋に興味を抱き、両親の勧めに素直に従った。その決断が正しかったことは言うまでもない。ソフトウェア関連の研究に没頭した大学時代は、生駒社長にとって「住めば都」そのものだった。

卒業後は、在学中に培った知識と技術を生かし、システムエンジニア（SE）として就職。「全部で三社を経験しました。どのサラリーマン時代も本当に楽しかった。最初にお世話になったのが、大手電気メーカー。もともと自分の目の前に置かれたものや状況など、なんでも素直に受け入れ、好きになってしまう性分。新人の頃も上司の指導に素直に従い、周囲からいろんなことを吸収しながら、ものづくりの世界をどっぷりと経験。次に、大手外資系ソフトメーカーへと転職。ここでは営業とマネジメントを勉強。個人主義と言われる外資ですが、社員の家族をとても大切にする社風で、すばらしいと感じました。今ではプロアシストの社風や福利厚生に存分に取り入れています。最後は、セキュリティ会社でライン長を経験。組織づくりやチームマネジメントを学ぶことができました」と生駒社長。プロアシストの原点とも言える、貴重な経験を各社でたっぷりと積んだことを懐かしく語った。

■「専業主婦にできること」で社会貢献をめざす

プロアシストが誕生したのは一九九四年のこと。日本ではインターネットビジネスの草創期である。それまでのバブル景気に浮かれていた時代と決別し、それぞれが現実に向き合うことを余儀なくされた時期だった。先述した会社は家庭の事情により退職し、専業主婦として幸せな毎日を送っていた。しかし、陰りを見せる日本経済に危機感を感じると同時に、自分なりの手法で何か社会に恩返しをしたいと感じていた。そのとき、目にしたのが新聞の求人広告欄にあったデータ入力の仕事だった。「これなら主婦の私でも、空き時間とパソコンを有効に活用できるはず」。内職の要領で、近所の元締めから割り振られた仕事をこなす日々がスタート。人が請けたがらない仕事や納期の短い急ぎ仕事を中心に引き受けた。家事の合間に一日平均二万字を打ち込んでいたというのだから、ここでも生駒社長の秀でたスキルはすぐに周囲に知れ渡る。ある日、元締めの代理で発注先に納品に行くと、「あなたが、あの生駒さん?」と声をかけられ、直請けを打診されるが、「これまで仕事ができていたのは、周囲のおかげです。ありがたいお話ですが、引き受けるわけにはいきません」と辞退した。しかし、この出来事をきっかけに生駒社長は、勤めに出るか起業するかの人生の分岐点に立つことになる。

「履歴書を書きたいのか、企画書を書きたいのか。この二者択一しかありませんでした」と生駒社長は振り返る。自問自答して出た答えは、やっぱり後者。そうと決めれば、生駒社長の行動は早かった。「主婦の私に出来ることは何か、それは子育て、ひいては人を育てることではないか。これなら、私にも社会貢献ができる。それが起業の発端ですね」。当時、心にあったのは、法人としてスタートを切ること。ちょうど募集中の金融公庫に企画書を持参したら、三〇分の面談で融資の快諾を得た。このあたりにも生駒社長の引きの強さ、人や時代をも味方に付けてしまう天分の持ち主であることを痛感させられる。当時希少だったコンピュータシステムの研究開発ができることも大きな武器だった。こうして今で言うSE、

プログラマの先駆け的な業務を生業として、一人で営業活動をスタートさせる。

■誰でも活躍できる会社、社会の実現にいち早く貢献

生駒社長の起業は、自宅を住居兼事務所としたゼロからのスタートとなった。いきなり社員を雇えるはずもなく、得意先を持っての創業でもなく、営業活動を行うのも自分。展望を描き、会社の組織図を作るのも自分だった。「電話帳を片端から調べて、ここはと思う会社に連絡をしてアポを取って伺う。そんな地道な営業を毎日繰り返しました。最初は門前払いだったのが、担当者を紹介いただけるようになり、会っていただけるようになり、話を聞いてもらえるようになって、次第に担当者との距離も縮まっていきました。今日は一歩、いや半歩、近づいてお話できた。そのことを純粋に喜んでいましたね」。こうして、少しずつだが着実に取引は増え、プロアシストの名は広がっていった。

事業が軌道に乗りかけ、人を採用しようと利用したある求人媒体も、プロアシストが成長する一つの足がかりになっ

たと言えそうだ。起業当初からあった「人を育てたい」という生駒社長の想い。ここに感銘を受けた広告営業担当者が、なんと無償でプロアシストの求人広告を見開きで掲載したいと申し出てくれたのだ。「私自身も主婦で、家庭と両立しながら仕事をしていました。サラリーマン時代を振り返っても、経験のない私を雇い、育てていただいたことへの感謝の想いがありました。だから、自分の会社では主婦も素人も外国人だって大歓迎。人を育てるには忍耐と愛情が必要、それは子育てと同じ。上の立場から引っ張るのではなく、下からでも横からでもまさに三六〇度方位で押し上げる形で成長を支えたいと考えていました」。こうした生駒社長の想いを反映した求人広告はしっかりとした土台に根を張り、枝葉を茂らせ、大樹へと成長していくイラストとともに掲載され、反響を呼んだ。

今で言うダイバーシティの走りである。プロアシストでは女性はもちろん、家庭を持つ主婦も、未経験者も、外国人も実際に活躍してきた。「創業してまだ一、二年の頃。日本にワーキングホリデーで来ていたニュージーランド人と出会いました。もちろん、エンジニアとしての知識も経験もありません。それでも、もし彼がプロアシストに来たらこの仕事をやってもらおう、そんなプランが私にはありました。実際に彼を雇ったのは一年でしたが、その間、彼にはネットサーフィンでコンピュータ技術やロボット技術に関する論文や資料を世界中から集めるように指示しました。その内容を日本語で私にレクチャーすること、社員たちに英会話を教えること、彼はとてもよく頑張ってくれました。なにより、彼の存在そのものが私たちにとっては自分たちと価値観や文化など、背景の異なる外国人と交流できる、良い経験にもなっていました」。情報社会の今でこそ、その価値は言わずもがなだが、当時から情報の恩恵について誰よりも知る生駒社長だからこその人材登用と言えるだろう。そうした外国人雇用の実績もすぐに知れ渡り、ＪＩＣＡの依頼を受けてモンゴル人のコンピュータエンジニアを採用したこともあった。今では、彼はプロアシストを巣立ち、その後自国で起業している。生駒社長が創業当時より抱いていた「『違い』を排除するのではなく、それぞれ活躍できる場や機会を提供する」という想いは、社内はもちろん時に海をも超えて、広く社員の胸中に確かに受け継がれている。

■「人を育てる」企業は着実に人と共に成長する

創業してからの一〇年は「世界一の有限会社」を目指して「みんなで汗をかいて働いた」と振り返る生駒社長。同社のターニングポイントは、人の転機や成長とリンクしている。例えば、八期目の頃、結婚する社員がお祝いとして生駒社長にお願いをした、それは「株式会社にしてほしい」だった。「よく考えれば、高いお祝いですよね」と笑みをこぼす。一〇期目には、下請けメーカーからものづくりメーカーへと進歩を遂げる。そのきっかけも社員の声だった。プロアシストという社名は「『プロフェッショナル』な技術でお客様を『アシスト』する」。それに対し「私たちはいつまでも『アシスト』でいいのか」「『アシスト』される側になってもいいのでは」という意見が社員から出た。「自分たちの手で自社製品を開発しよう！」。生駒社長はここでも社員の声、期待に応えた。その後、一五期以降には製品販売面にも注力し、「位置計測システム」などの開発やＢ toＣ事業に乗り出す。薬剤師向け等のｅラーニングのシステム開発や、コンテンツも含めたシステムの企画運営も展開、現在では組込みシステムの開発やソフトウェア・ハードウェア開発、アプリケーションシステムの開発など広く手掛けている。

■時代や時流に流されない、ブレない「軸」

プロアシストと前後して創業し現在も活躍する人物の一人に、楽天の三木谷社長が挙げられる。その楽天がネットモールを展開するとき、何を隠そうこの生駒社長にもラブコールを送っている。「こういう事業を行いたいので一緒にやりませんかと、丁重なお手紙をいただきました。しかし、私は制御系の人間で、志も異なる。事業を広げて経営手腕を発揮するより、そもそもクリエイター気質。ものづくりが楽しいのです。ありがたいお話ではあったのですが、丁重にお断りをさせていただきました」。以前、お世話になっていた外資系企業の先輩からは『生駒さん、何をモタモタしているの』なんてお叱りを受けたこともあります。そうかもしれません。それでも、私は、自分たちにとって喜びになるか、お客様に付加価値を提供できるか、そこが大切。よく『水は低きに流れる』と言いますが、私は昇る方が好きな人間。いくら、みなが低きに流れようと自分はそこに喜びを見いだせないのですから、仕方ありません。楽なことは誰でもやりたいですし、誰にだってできます。私は、あえて人が嫌がることにこそ自分たちの活路があると思うので、喜んで、挑戦していきたいのです」

■スーパーポジティブな思考で常に企業を前進させる!

生駒社長の思考には特長がある、それは無いものを欲しがって得られないと嘆くのではなく、目の前にあるもの、与えられたもののなから常に最善、最高を見いだして選び、喜びを感じることができることだ。いわば、究極のプラス思考の持ち主だということ。五ミリ、いや一ミリの成長、進歩にも喜びを感じることができるから、他者が苦境と感じる状況であってもストレスを感じない。寝付きも目覚めも良い。成功の陰にこうした生駒社長の人となりが大きく左右していることは疑いようがない。

例えば、自身について「ウサギとカメに例えるなら、カメ」だと評する生駒社長。「ウサギのような瞬発力もなければ、せっかちに先を急ぐタイプではない。成長スピードも遅くて、少しずつ塗り重ねるようにゆっくりと育っていく様子は我ながらバウムクーヘンのよう」だと語る。継続することに重きを置き、利益に関しても「がむしゃらに稼ぐというのではなく、お金はあとから付いてくる」という考え方を呈す。「方向性さえ間違えなければいいんです」。そんな生駒社長の言葉を裏付けるエピソードがある。携帯電話が一気に普及し、その開発が盛んになった頃のこと。プロアシストにも大きな仕事の依頼が舞い込んだ。全社挙げての一大プロジェクトとなることは明白だった。一も二もなく飛びつく同業者が多い中、プロアシストは受注しない選択をした。「社長の役割というのは会社の舵を取ることです。この先発展する事業か、いずれ衰退する事業か、慎重に見極めなくてはいけません。会社を創った以上は、倒れてはいけません。安易な方に流れて、一社に依存してしまうのは、長い目で見て良いことだとは思えませんでした」。その後の携帯電話の顛末については、説明するまでもない。

■社外秘の訓戒「愛すべき社員の皆さんへ」

プロアシストには社員だけが携帯を許される心得帳がある。そのタイトルは「愛すべき社員の皆さ

ん へ」。よくある社訓や社則を並べただけの一冊ではない。社長を筆頭に社員全員が心を一つに、想いを一つに成長していくことが企業の発展に必要不可欠であることを痛感する生駒社長が、「共通の想い、価値観、目標などを暗黙の了解にするのではなくきちんと文字にして共有することが大切」と考えて、考案した手帳である。生駒社長だけでなく社員もその制作に協力し、内容は定期的に吟味し、互いの想いやメッセージをまさに重ねて行く。その内容は年々充実し、どんどん厚みを増すばかりだ。当然、門外不出。手にするには入社するより他にない。「プロアシストの財産は人。一〇〇年、二〇〇年と企業を存続させるには、親から子へ子から孫へとバトンを渡すように、人も企業も世代交代をしながらも想いは一つに、技術や経験値と同様に社内で受け継がれて行く必要があるのです」。

■「未来は明るい」自社と日本の行く末に明るい展望を描く

最後に、今後の展望について、生駒社長は次のように語る。「私は創業社長ですが、いつかは世代交代の時が訪れます。それまでにスタッフの育成も環境の整備も行っていきたい。時流を見極め、うまく舵を取りながら、社員がいつまでも安心して働くことができるよう、発展し続けたいですし、世の中から必要とされる会社でありたい」。たった一人で起業した当時からその視点の先にあるのはいつも日本を超えた世界、目の前の事象を超えた未来だ。そのまなざしは、変わることも曇ることもない。生駒社長というぶれない軸をもとに、独自の【人材育成】【イノベーション】【ダイバーシティ】で、他社には到底マネのできない発展を遂げてきた。今後は海外に行かずとも「国内がグローバル化する」と予見する。「かつてその高い技術力が評価されたように、もう一度、世界のトップ10に日本のものづくりメーカーがランクインできるでしょう。そのためには以前のプロダクトアウト型ではなく、マーケットインに変え、サービスも見直す必要があります。また日本の企業が世界のリーディングカンパニーになれると、私は信じています。勝ち残れる中小企業が世界を引っ張っていく、そんなストーリーが見えます。インバウンドでこれほどまでたくさんの外国人の方が日本に興味を持って訪れ、好意的な関心を向けてくれている。国内で確かにグローバルマーケットが形成されつつある、オリンピックも控えている。一九七〇年の万博の来場者は六〇〇〇万人、それをはるかに凌ぐ観光客の到来が期待できます。一時的な数ではありますが、二人に一人が外国人となる計算になります。ダイバーシティは当たり前になり、これはまさに絶好のチャンス。日本が抱えるさまざまな問題を解決へと導く突破口になるでしょう。これからの日本には大いに期待できますよ」。生駒社長が描く未来予想図に大きな期待と幸福な予感を抱かずにはいられない。

感謝の気持ちと姿勢を乗せて、次世代へ運ぶ！

誠幸運輸倉庫株式会社

〝二〇年目の自分変革〟それは澤田流の将来設計

代表取締役　澤田隆久

誠幸運輸倉庫株式会社

〒5555-0001　大阪市西淀川区佃3丁目19番68号
ＴＥＬ：06-6475-6310（代表）　ＦＡＸ：06-6475-9255
E-mail：t.sawada@seikou-unyusouko.co.jp
ＵＲＬ：seikou-unyusouko.co.jp
設　　立：1984（昭和59）年11月
資 本 金：1,000万円
事業内容：一般貨物自動車運送事業　近運自貨第564号
自動車運送取扱事業　近運大貨第115号
倉庫管理業

■付加価値が生んだ信頼と実績

広い倉庫のある敷地には何台ものトラックが並ぶ。その中に行き交う多くの社員たち。彼らを率いるのが、誠幸運輸倉庫株式会社の代表取締役、澤田隆久である。

誠幸運輸倉庫株式会社は昭和五九年四月に創業。会社を興したのは先代である父・野上憲太郎だ。野上氏は物事に動じず堂々としている人で、「怪物」と称されていた。そんな先代の没後、澤田氏がその跡を継ぎ、若い力で会社を引っ張ってきた。当初から運輸業として社会の物流を支え、社会に貢献している。

「いろんなものを運んでいますが、中でも鉄鋼製品が多いです。他にも、チラシなどの印刷物も多いですね。何でも運びますよ」

その取引先数は一五〇社にも上る。長きに渡って取引のある会社が多く、人間関係、信頼関係で続いている取引は、そのまま会社の信用度を表している。

「運送業はサービスが大切」と考える澤田氏。どこの運送会社に依頼しても、トラックで運ぶという手段は一緒なのだから、多くの会社の中から選ばれるには、他社と違った付加価値が必要なのだ。もちろん、確実に荷物を届けることは基本中の基本。それにプラスしてということである。

運送会社の立場で考える「いい会社」とは、いかに手間暇・コストを掛けずに運ぶかということだ。しかし、荷主（顧客）の立場からみたら、確実に荷物を届けることは大前提で、急な注文でも、いかに迅速な対応をしてもらえるかが「いい会社」という評価になる。特にメーカー、製造業は、自分のところで作った製品を確実に、早く届けてくれることが大切なのだ。その顧客ニーズを十分知った上で、澤田氏の考える付加価値は生まれた。

「世の中に運送会社は星の数ほどあります。その中で差を出すとしたら、やはりお客様のニーズに応えること。急な注文にも対応できる体制を作って、一二〇％の力を出してがんばっています。大変なこともありますが、無理と思えるような注文でも一度ご相談いただき、それに応えていったら、うちの会社のパフォーマンスも上がりますから」

■座右の銘「二言はない」

澤田氏がいつも心に留めている言葉がある。

「二言はない」

受けた仕事は「絶対に断るな」と社員に言い聞かせている。一度引き受けたからには、どれだけ赤字になろうが、何としてでも最後まで完了させる。

「途中でできないと言うくらいなら、最初から受けるなということです。やってみないとわからない。逆に、失敗してもやれとも伝えています」

その潔いまでの男気が、これまでに信用を積み上げてきた確かな理由である。

社員にも常に、「失敗も経験」と伝えている。机上の空論ではなく、まずはやってみないとわからないというのが、澤田氏の考えだ。ひとつのことをいつまでもあれこれ考えると、うまくいかない場合のことを考えてしまう。「ああなったら困る」とか「うまくいかなかったらどうしよう」とか、負の要素を並べて、結局はそれを理由にやめておこうとなってしまう。そんなことは考えずに、やれることがあればまずはやってみる。

「やりながら考えたらいい。走りながら考えた方がいいと思います。でないと、なかなか新しいことに挑戦できないですし、未知のことはわからない。それは当然。だから、まずやってみて経験につながればと思っています」

この仕事の醍醐味は、なんといっても達成感。無理と思えた注文を受けて、その任務をなんとかこなし、完了させた時に大きな達成感があるという。急な注文が入ったときや難しい条件を出されたときなど、内心では「えぇー」「できるわけないやん」と苦笑しながらも、「無理です」「できません」とは決して口に出さない。仕事に関しては「どうやったらできるか」しか考えない。

「お客様がうちに言ってきたということは、うちならできるんじゃないかと期待されているということやし、お客様もどうしようと困っている状態なんです」

だから、それをこなせた時の達成感が何より嬉しいと話す。ここにもまた、澤田氏の仕事に対する男気を感じ、顧客ニーズに応えるべく走り回るパワーを感じる。

■協力会社とのつながりを大切に

誠幸運輸倉庫株式会社は、関西で荷受したものを北海道から九州まで、全国どこへでも運ぶ。そのため、急な注文が入って、ドライバーがいなかったりトラックがなかったりする場合は、協力会社を探す。探して、探して、必ず仕事を受けられるように手配する。自社トラックだけの売り上げは三割ほど、残りは外注ということもある。だからこそ、ネットワークを大切にしている。外注先、つまり協力会社との横のつながりも大切にしている澤田氏は、この仕事は協力会社がいないと成り立たないということを理解しているのだ。反対に、協

力会社が困っている時はこちらが助ける番だ。持ちつ持たれつの関係がこの業界を支えているのである。

もともと、先代が最初に会社を立ち上げた時はトラックを持っていなかったというから驚きである。「貨物取扱業」という形態で、仕事の仲介だけでスタートした。そこから徐々に人財が増え、自社のトラックを持つようになり、現在の形態に至っている。そんな経緯があってこそ、今も協力会社とのつながりを大切にしている理由が納得できるのではないだろうか。

「今まで、いっぱい失敗していますよ。失敗ばかり。追突事故にあったりとか。大事故にならなかったからよかったですけど。お金の失敗もあります。貸し倒れとか。若い頃、もっとちゃんとやっていたら…と思うこともありますよ。いろいろ失敗したけど、細かいことは忘れてしまっている。これじゃ失敗が教訓になっていないですね」

そう笑う澤田氏だが、後ろを振り返らず常に前向きに進む、こういったポジティブ思考がまさに澤田氏のリーダーシップなのだろう。いったん引き受けた仕事は、どんなことがあっても達成させる。競合であるはずの協力会社とも絆を大切にする。これが、信用と実績になってきたのだということを再確認できる。

■社員は仲間であり、家族でもある

協力会社とのつながりを大切にしている澤田氏だが、自社の社員とはどうだろうか。

「社員には毎日怒ってます。また怒ってるわと思われてるでしょうね（笑）。でもそれは事務方にだけで、ドライバーには怒らないです。事故を避けるためにも気持ちよく働いてほしいから、特に出発前のドライバーには怒れません。長距離運転が多いので、やはり心配です。みんないいドライバーなのでがんばってくれる、でも、がんばりすぎると危険なので」

仕事への姿勢に問題があると怒ってしまうのだという。お客様の立場に立って考えてみて、きちんと対応ができていない時などは特に怒るそうだ。そんな行動にも理由があった。

「以前は、社員に言いたいことがあっても言わずに遠慮していました。でもそれって信頼関係ができていないということだと気づいたんです。それからは、まずいと思った時はすぐに言うようにして、コミュニケーションをとる努力をしています。そのおかげか、みんなも私にいろいろと伝えてくれています」

社員のことを話す時の表情が柔らかい。家族のことを自慢げに話す父親のようで、社員への家族愛を感じた瞬間だった。理解し合えるように、気軽に話ができるように、澤田氏は常に社員を気にかけている。

「社員みんなが同じ方向を向けば、もっといろいろなことができると思うんですよね」

また、澤田氏には好きな言葉が二つある。

一つが「small great」。これは、業界では零細企業だが、小さくても偉大でありたいという思いが込められている。

もう一つが「free spirit」。自由な発想ができる職場でありたい。社員それぞれの個性を大切にしたい。社員みんなを大事にしたい。そう思う澤田氏ならではの言葉といえるだろう。

■自由気ままに過ごしてきた中で培った力から生まれる澤田流経営

若い頃の澤田氏は、将来、父親の家業を継ぐということを決めていたのだろうか。

「学生の頃は、友達の紹介で印刷屋さんでアルバイトをしていたんです。夜勤のバイトで、朝が弱い自分にぴったりやなと思って。大学には入学したものの、学校には行かずにバイトばっかり。実はその印刷屋さんは、今では荷主さんになってくれていま す。後にそうなるとは思ってもいなかったけど、不思議なご縁ですね」

卒業してからもそのままアルバイトを続けていた。自分が何になりたいか、何をしたいかわからないままに就職するのも違うと思い、続けていたのだという。アルバイト先で正社員にならないかという誘いもあったが、これも自分がやりたいこととは違

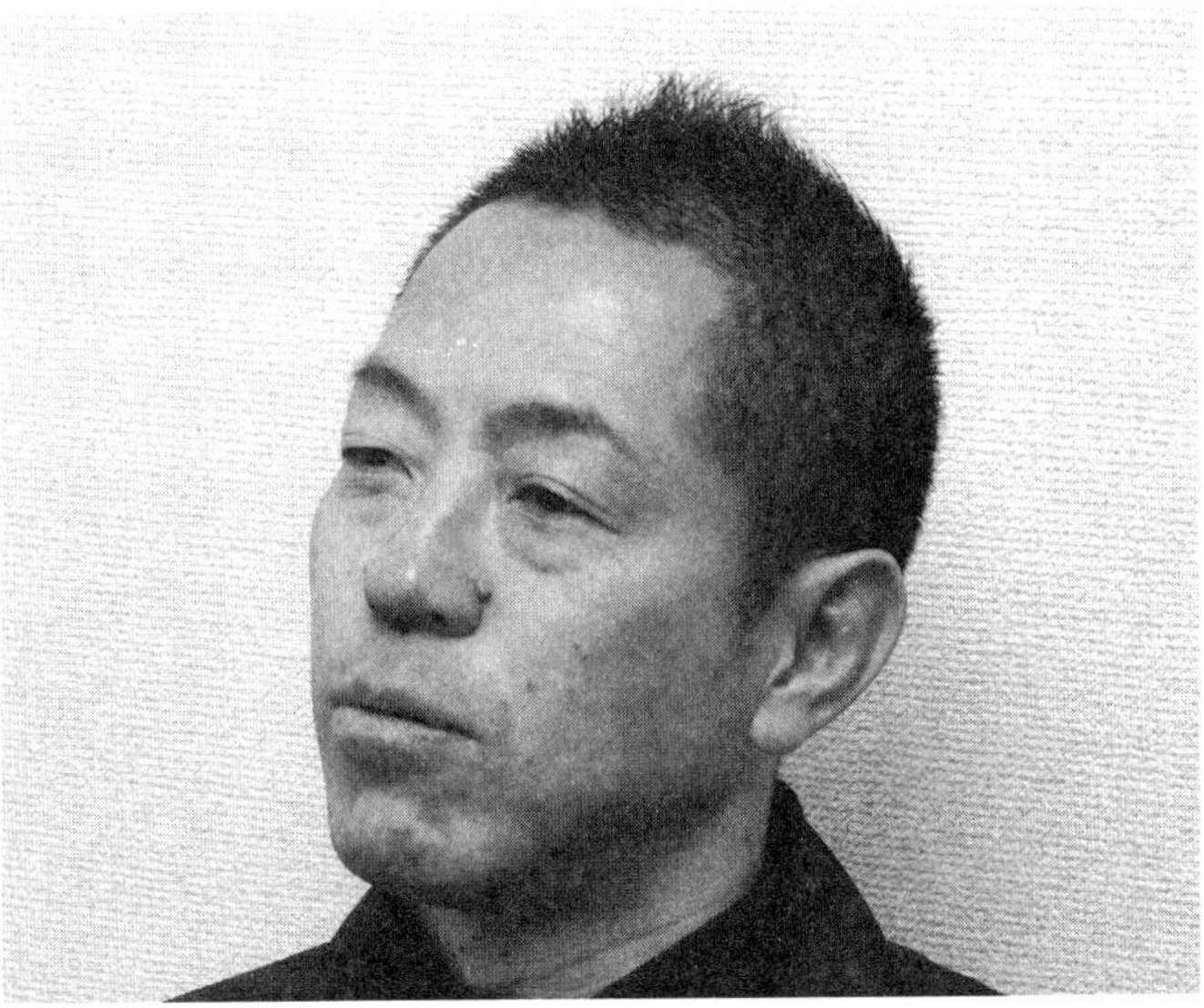

う気がして断った。自由気ままなように見えるが、実は自分というものをしっかりと持っていたのだろう。

その後先代に呼ばれて、いったん誠幸運輸倉庫に入社。しかし、半年で「面白ない」と言って辞めてしまった。そうなるとお金がないので、趣味のスキーに行けない。それならばと、スキー場でアルバイトをするようになった。その後五年間くらいずっと、シーズンになると山に行って働くというパターンを繰り返していた。そんなあるとき、アルバイト先のスキー場に、なんと、先代から電話がかかって来た。

「いつまで人生滑っとるねん」

いつもは何も言わない父親にそう言われてハッとなった。自分が何をしたいのか、まだわからないままだったが、必要とされているのならもう一度やってみるか、と再度入社した。澤田氏二八歳の時である。

「先代は、陸軍中野学校にいたと聞いています。日本軍のスパイとして満州に行き、戦後は危機を乗り越えて日本に戻ってきたとか。そんなＤＮＡは受け継いでいるのかな」

■一〇年目の自分変革

現在、社員三二名の全員が男性で、澤田氏がリーダーとしてその先頭に立つ。

先代がすでに高齢だったこともあり、生前から澤田氏が社長的な仕事を担っていた。そのため先代からその役割を引き継ぐことになった時に苦労はなく、代表になったからといって、急に何かが変わるということはなかったと振り返る。

ところが、最近になって気持ちに変化が起こっている。

「基本後ろは振り返れへんねんけど、この一〇年、何してきたかなと。振り返ってみると会社は何も変わっていない。会社は続けてきたし、社員数も増えてきたけど、会社として前進していない。今のままじゃあかん」

代表になって一〇年。五四歳になり、フルに働けるのもあと少し、そんなに先はないという思いがよぎる。社員はどうか。平均年齢四九歳。五年以内に四名、一五年以内に九名が六五歳に到達する。このまま同じようにやってはいけない。次世代の人財を確保するためにも、魅力ある会社になっておく必要があると考えるようになった。

「自分は実務をやりながら、ここまでがんばってきた。でもよく考えたら、周りの社員ががん

ばってくれて、大きな事故もなくここまできたんやなと思うようになってきたんです。周りが支えてくれているということが、ようやくわかってきました」

創業以来お世話になっている方々の口からは、一〇年経った今でも、先代への尊敬と感謝の言葉がこぼれる。それを目の当たりにして、澤田氏は先代の「怪物」と呼ばれる存在の大きさを実感しているという。その先代がいなければ誠幸運輸倉庫は創業されなかった。そして、社員がいて、協力会社がいて、取引先がいたからここまでやってこれたんだということに気づいた。先代を始め、自分を支えてきてくれたすべての人への感謝をお返ししたい。お返しするにはどうすればよいのかを考え、会社を成長させよう、そう決意した。しかし一人の力ではできない。そこで、社員にも「力を貸してほしい、みんなで一緒に成長しよう」と協力を呼びかけた。

「大切なのは取り組む気持ちや姿勢です。人に感謝され、感謝する気持ちだと思うんです。お客様からいただく仕事には感謝し、しっかり運ぶこと。感謝の気落ちと姿勢で仕事をしていけば、必ず高評価を得るはずです。会社が評価されれば、良い仕事も増え、業績も上がる。そうなると、社員みんながハッピーリタイヤして、次世代にスムーズにつなげていくことも可能になるのではないでしょうか」

一〇年目の自分変革。それは社員や業界全体への感謝にあふれ、澤田氏の瞳は未来に向かって輝いているように感じた。

「安心して眠れる会社」「笑って働ける会社」を目指して

近畿刃物工業株式会社

特許と唯一の製造技術で日本のダンボール界を牽引従業員がプライドを持てる会社

代表取締役社長　阿形　清信

近畿刃物工業株式会社

〒570-0003　大阪府守口市大日町３丁目33-12
ＴＥＬ：06-6901-1221
ＦＡＸ：06-6905-9713
ＵＲＬ：http://www.kinkihamono.co.jp/
設　　立：1960（昭和35）年6月
資 本 金：1,000万円
事業内容：紙器・段ボール加工用刃物製造業

■先代から引き継いだ半世紀の歴史

創業は昭和三五年。先代である父親が、この場所で、二六歳の若さで創立した。以来ずっと、ダンボール加工用刃物の製造に特化して事業を続けてきた。ダンボール刃物は特殊で、多品種少量生産のオーダーメイド刃物。競合相手が少なかったことで独自に技術を磨いていった。モノづくりは半世紀を超えて、最新機器・設備の積極的導入、技術革新、工場見学受け入れなどの取り組みにより、近畿刃物工業は業界全体にも知られる存在となっていった。

ダンボールは一九〇九年に初めて日本に入ってきた。つまり、一一〇年ほど前に出来た比較的新しい分野である。当初は機械もアメリカ製。その後、日米企業が提携してダンボール関連会社が設立され、原紙からダンボールまで一貫生産する工場が大阪につくられた。この会社が日本で最初にダンボールを作った会社であるので、大阪がダンボール発祥の地とも言える。

国内でのダンボール事業の創始からおよそ五〇年後。当時ダンボールは、品質は良いが高価であったため、生産する機械の需要があり、近畿刃物工業にダンボール専門の刃物をやらないかという話が舞い込む。それが創業となる昭和三五年、戦後一五年経った頃のことだった。いろいろな産業が興り始めた時期で、先代も大きな志を抱えて、ダンボール刃物にチャレンジすることに。これが近畿刃物工業株式会社の始まりとなった。

物流が木箱からダンボールケースに変わり、ダンボール製品はどんどん発展・進化していった。「ダンボールは紙の強度が強くなるなど変化し、そして今だにダンボールの需要はずっと伸びているんです」と阿形氏は語る。

名古屋から以西、ダンボール刃物の会社は近畿刃物工業一社だけ。他ではできない技術がある。近畿刃物工業では材料の調達から焼き入れ、研磨、仕上げの最終工程まで、自社工場で一貫生産できる。より早く作れるスピードがあるのだ。とはいえダンボール刃物はオーダーメイドだから、顧客の事業内容を熟知し、かつ手慣れていないと早くは製造できない。他社にない一貫生産のシステムと、独自の情報と技術で、近畿刃物工業は現在、ダンボール刃物を一番早く作ることができる会社である。

また、製造だけでなく、ダンボール用スロッター刃物の研究開発で、アメリカと中国において国際特許を取得。国内では既に一九個取得済みの技術開発力だ。

戦後の物がない時代から、ずっとここまでダンボール刃物に特化して事業を続けて来ているのも、先代のあの時の決断のおかげである。そういう意味でも、阿形氏が先代から引き継いだダンボール刃物の歴史は、日本の国内ダンボール発展の歴史ともいえる。

■心筋梗塞で変わった死生観と経営

実は、阿形氏は三九歳の時に心筋梗塞になり、長期間入院した経験がある。ＩＣＵから出て一般病室に移った初日、隣室の患者が絶対安静にもかかわらず動いてしまい、心臓破裂で亡くなったのを見た。また、同じ病室に居たのは、父親ほどの年齢の患者ばかり。そこには非日常の環境があり、若い自分が居る場所ではないと感じた。

阿形氏が入院した時期は、父親も長期入院している時だった。この期間は、会社にとって一大事であった。しかし会社は、危惧していたような状況にはならず、なぜか売上が上がった。その時は、うれしい反面ショックも大きかったと阿形氏はいう。

会社がピンチの時、会社に関わりのある想いが大変よく見えるものだと、いろいろ考えさせられた。社長と社員の信頼関係、人の力が会社の成長を支えるということ。疾病はつらいことではあったが、これがなければ得ることができなかった。

退院した後は、今までのように営業をバリバリすることもできず、いったん現場から少し離れて、会社を俯瞰して見る感じで、経理関係の業務を行った。すると、今まで会社の中にいて見えていなかった、外部から見た会社の姿がだんだん見えてきた

のだ。自分ならこの会社に入るだろうか、と客観的に考えられるようになった。工場の汚さも目に付き、自分が外部から来てこの工場の入り口に立ったら、絶対に二度と来たくないだろうと感じ、まずは機械をきれいにしたりペンキを塗ったり、という活動を始めた。

また、死生観も変わった。当時は仕事をするのが当たり前で、一に仕事、二に仕事、三も仕事の日々だった。しかし、現実は、自分を支えてくれる家族や周囲の人がいるおかげで成り立っているということに気付いた。家族旅行にも一度も行ったことがなかったので、退院してから初めて、家族で勝浦へ行くことにした。「海がきれいだったこと、家族全員が目をキラキラさせて話したことが、いまだに瞼の裏に焼きついています」阿形氏は振り返る。

「今でも独りよがりで勝手なことをやっていますが、何かしようと思った時、必ず誰かがそばにいるとか、誰かがいるからできると、そういう風に意識せずに考えられるようになりましたね。ひとりで生きていないということを実感しました」

人は、人とものを作るということを実感した阿形氏。自分の目指すべきもの、若い従業員の会社未来予想、これからも人との関わりが人生も会社も大きく左右するということに気付く出来事だった。

■自分自身と会社のために作った基本方針

その後、父親が亡くなり、会社を引き継いだ。当初、会社の存続そのものを考えたという。業績は順調だったのだが、父親が亡くなって指針を失った。

二〇〇〇年八月、父親が亡くなった直後の月例会議。会社の要になるものが必要だと考え、自分で基本方針を立てた。

・健全な発展と豊かな生活に寄与し、社会の繁栄と発展に貢献する
・堅実経営を旨とし、積極的な業務展開を行い、永続的な発展を図る
・役員、従業員の資質の向上を測り、活力ある職場と幸福な家庭の創造に努める

これだけのことを考えて会社を運営しようと自らを鼓舞した。

次に、「みなさんはどうですか」と問うた。さらに、「縁あって入社し、近畿刃物工業の中で勤務する中で、不平や不満を持って働く人があるならば、本人も辛いし、周りも嫌な思いをするし、会社も迷惑します。こんな場合はまず上司に相談してください。それでも不平・不満が残るようでしたら、最後に私に相談してください。そして、将来の決断をしてください」そう従業員全員に伝えた。

亡き社長の思いを胸に、「企業は人なり、社業発展のために人材育成をこれからの課題として働こう」という決意だった。

■従業員を大切にする理由

　従業員はみんな、より良い暮らしを目指して働きに来ている。それをサポートするのが会社の役目だ。「従業員が喜んで働いている時がうれしい、それしかない」と言い切る。会社が大きくなる、幸せになるという時に、何が必要か？　を考えれば、会社は毎日動いていくもので、それを動かしているのは従業員だと気付いた。会社は止まったら絶対にダメ、止まらないためには、「行くのが楽しい、わくわく働ける会社」にすることが、とても重要だと考えている。みんな同じ共通の一時間なのだから、知恵を出し、能率を上げて早く終わらせる方が良いし、ひいては生産量も上がり、それが成績に、数字に表れると考えるのだ。

「僕自身は、お客さんからいただいたお金を会社で分配している。だから、給料を払う源泉はお客さんだと考えています。お客さんのために自分はどれだけ尽くせるか、社会奉仕できるか、ということが働くことではないか。今でもそう思っています」

「みんなが会社に来てくれて、僕はその人たちに感謝して、新しい機械などを購入して、もっとお客さんに喜んでもらおうとか、驚かせようと考えています。同時に現場の者、会社の者も驚かせようとね」

　阿形氏の想いは言葉になって溢れていく。

　還暦を過ぎて思うことは、父親から託されたこの会社があるからこそ今があるということ。

　一〇年後の自分は何をしているのだろうか…それまでに何か残したいという気持ちが湧き上がってくる。

人の記憶に残るようなことをしたい。そんな思いでプロバスケットボールチーム「大阪エヴェッサ」のスポンサーになった。スポンサーになれば、会社の名前も残るし、業績としても残る。そして、「大阪エヴェッサ」のスポンサーになったことで、もうひとつ大きなメリットとなることがあった。会場に掲げられた自社名を見た従業員の自社へのプライドにつながったことだ。若い従業員の会社愛も生まれ、自慢したく会社に勤めることで、社内の雰囲気も良くなり、仕事に対するモチベーションも上がったという。

今後も、スポンサーとしてチームの活動を支援するとともに、スポーツ観戦を通じて、従業員の新たな気付きになればと思っている。

2015-16 シーズン　ホームゲームにて撮影

■従業員の成長を見守るファイル

近畿刃物工業の従業員には、ひとりひとりの個人情報の綴じられているファイルがある。そこには、個々人の「目標と成果」を書いたものも綴じられている。

それを見ながら半年を振り返ってなど、成績や自己評価、レポート、また、研修や勉強会の報告書もある。ひとりひとりの成長を記録することで、その成長や努力を経営者と従業員の双方で確認し合うことができる。

「外部の研修とか勉強会をいろいろ紹介して、ちょっとでも気になったら行けと行っています。迷ったら行けということです」

人材育成、従業員の成長したい気持ちを支えたいと考える阿形氏ならではの言葉である。年間労働日数は二六〇日。短いようで長いこの日数を経過すれば誰もが一年歳を重ねるこの時間は、会社にとっても従業員にとっても貴重な時間、そして一度しかない人生を大切にしてもらいたいという。社員は、平均年齢三三歳と若い。従業員数もここ一〇年増えている。その理由は、そんな社長の思いがきちんと従業員に伝わっているからではないだろうか。従業員に「給与は誰からもらうのか」と尋ねると、ほとんどが、「会社から」と答えるが、社長は「私はそうは思わない。会社内外の協力を得てお客様に評価されていくのだから、給与はお客様からもらうものだと信じている」と言う。そこには、仕事は、やらされているというものではなく自ら探求するものであるという意識、そして仕事を通じていこうという姿勢があるのではないか。

阿形氏が掲げるスローガンは、「安心して眠れる会社」「笑って働ける会社」だ。

それを実現するために、仕事を維持していくしんどさはある。同じような職種の会社でも、売上の規模や顧客の層が違い、仕事のやり方も違うということに気付くことがあるという。近畿刃物工業の強みは、特殊な消耗品を扱っているということだ。

「設備関連の仕事は高価な商品が多いので、価格検討を重ねて購入が決定される。しかし、設備そのものに問題があると信頼関係は大きく損なわれてしまう。その点、特殊消耗品の場合は、大きな金額は動かないにせよ、交換は発生するのでありがたいですよね」冷静な分析と顧客への感謝の気持ちは忘れない。

一方、刃物業者はだいたい決まっているから、新規開拓はあまりできない。そのため、新しい商品を出したときは、展示会に出展したり、特許を取ったりなど、そういうことに力を入れる。お客様に「使ってみたい」と思っていただけるところから取引が始まるということなのだ。国内は過飽和状態なので、海外に目を向けたというのは、新規顧客獲得のためのアプローチを行うためである。

■人とのつながりをこれからも大切に

国は「プレミアムフライデー」とか、「休みなさい」と言って、働くことはよくないというような風潮があるが、昔は、水曜日以外は九時間労働、休みは祝祭日だけで、もちろん土曜日も働いていた。それがだんだん土曜日も休みになって、定時で帰るようになって、結果、怠惰になったと阿形氏は感じている。

「僕らのころは一生懸命仕事したら、よう頑張ったなと言われた時代やったね。仕事をすることが誇りでもあったし、それが認められる世界があった。もっと言えば、自分らの仕事そのものがコミュニケーションツールみたいなもの。仕事をより深く知ることが嬉しかった。それが今はない。今は仕事に時間をかけることが悪いことのように言われる。仕事の覚えが早い遅いのジャッジはいつ行ったのか。出来ない言葉を探す人間に仕事は任せない」阿形氏の働く者への想いは強い。

「いい会社」とは、上場企業ではない。利益を追求することも必要だが、それだけではいい会社とは言えない。会社で働くこと、その中心に人の喜びがなければならない。仕事に喜びを感じることができれば、仕事の幅が広がり、次の新しい仕事へとつながっていく。「社員が正月休みに家族を連れて社長宅を訪問する、そういうことがなくなった。働けてありがたいと思う気持ちが、いつの間にか消えてしまった。それが残念な気がする」と阿形氏。そういう気持ちが復活してほしい。

「自分たちだけではどうしようもないけれど、自分の会社の人をなんとか良くすることはできる。そんな会社が増えたら、全体が良くなっていくと思う。ひとつひとつの明かりをつけていけば、街全体が明るくなっていくはず」

阿形氏は、従業員のこと、会社のこと、社会全体のことを視野に入れた経営者であるのだ。

それは、阿形氏自身の心の中に流れる、先代の父親から受け継がれた、近畿刃物工業の理念なのかも知れない。

変わる、変える、日本の未来

幸南食糧株式会社

気づき経営で会社が変わる
気づくことで人生が変わる

取締役会長　川西　修

幸南食糧株式会社
〒580-0045　大阪府松原市三宅西5丁目751番地
ＴＥＬ：072-332-2041（代）
ＦＡＸ：072-336-4158
ＵＲＬ：http://kohnan.co.jp/
設　　立：1976（昭和51）年12月
資 本 金：7,000万円
事業内容：米穀の加工・卸メーカー、農産物·食品類の企画・開発・販売、
6次産業化のプロモーション

■お客様のニーズに気づく

創業当時、米は国の許可がないと販売できないという規制があった。そのため同業者は、米はお客様が買いに来るものであって、買ってもらうという発想がなかった。「買っていただいてありがとう、ではなく、売ってやっている、という感じだった」と川西氏は話す。川西氏の店は後発だったため、訪ねて行った先からは「祖父母の代からずっと同じ店で買っているので、新しい店に変えるのは無理」と言われるばかり。これでは経営が困難だと感じたという。

この街には同じような米屋が（自社を除いて）四三軒ある。四三軒の米屋の経営をよく観察すると、どこも同じ方向を向いた経営だった。日曜祭日は休み、夕方五時を過ぎたら配達はしない、エレベーターのない高層階には届けない、といった「売ってあげている」という姿勢だった。

そこで、考えて、考えて、気づいた。当時、街にはたくさんの空き地があり、そこにどんどん新築の家が建ち並び始め、人口が増えていっていた時代だった。川西氏は、新しく家を買ってこの街に来た方々にお客さんになってもらおうと営業を開始した。しかし、一〇軒行ったら九軒は留守。ほとんどの主婦が仕事に行っていたのだ。女性も勤めに出る時代の始まりだった。

そうすると、仕事から帰ってきて米を注文しようとしても、米屋は五時で閉まっているので買えない。日曜祭日もシャッターをおろしている。また、当時の米の一袋は一四キロ（一斗）だったので、高層階に住む女性や高齢者は米を担いで階段を上がるのが大変だった。

そこで川西氏は、これまでの米屋とは一八〇度違う経営をしようと、日曜祭日も営業、朝六時から夜一二時まで配達、高層階は時間指定で玄関まで届けた。そのうちに、お客様が一人増え二人増え、少しずつ前進し始めた。今まで祖父母の代から買っている米屋があるからダメだといっていたお客様からも、今までの米屋に気を遣いながらも、目立たぬように「夜暗くなってから持ってきて」「日曜早朝に届けて」といった注文が入るようになった。創業まもなくの時代、壁にぶつかりながら、ニーズを見極めて前に進んで行った。

■「元気体温計あいさつ」の始まり

その後、山あり谷ありを経て、順調に経営の舵を取っていった幸南食糧株式会社。現在、本社を訪ねると、社員全員から大きな声で「いらっしゃいませ!」というあいさつを受ける。みんな笑顔いっぱいだ。こんなにさわやかでパワーを感じる会社も珍しいのではないだろうか。これが幸南食糧株式会社の目指す「あいさつが一流」である。

「元気体温計あいさつ」は取引先のひとことから始まった。

三五年以上前のこと。取引先から、「あいさつできへん人とは取引できない」「商品を乱暴に扱うような人とは取引できない」と言われたことがあった。商品そのものについては何も言われていない、あいさつや態度について言われたのだ。商品へのクレームではなく、人へのクレームだと気づいた出来事だった。

お客様の言っていることを形にしなければいけない。お客様の方を向いて心にひびく丁寧なあいさつをするよう社員に伝えるのだが、なかなかうまくできない。社員も頭ではわかっているのだが、本当に心から理解する、意識を変えるというのが難しい。そこでまた気づいた。「お客様へのあいさつ」はひとまず置いて社内であいさつできるようになることを目指そうと。年齢や性別を超えて、入社年月も超えて、役職も超えて、全ての社員が平等に社内あいさつをできる集団でなければ、お客様にも心を込めたあいさつはできないだろうと考えた。まず社内あいさつを一流にしなければいけないということに気づき、社内あいさつに取り組んだ。

朝は「おはようございます」、帰る時は「お先に失礼します」「お疲れさまでした」。それがなかなかうまくいかない。若いスタッフは「恥ずかしい、照れくさい」という。年配のスタッフは「今さらあいさつして何が変わるんですか」「あいさつはもうええじゃないですか」と言った。

こんな簡単なこと、誰でもできること、当たり前のことが難しいのかと、その時また気づく。難し

いことなのであれば、一流にできた時にはなお価値があるのではないかと。当たり前のことを当たり前に、誰よりもできるようになれば、相当な価値があると考えたのだ。しかし、一〇日、一カ月と続けたが、やはりなかなか前に進まなかった。

ある日、「やっぱり社長が取り組もうとしていることは大事なことですよ」というスタッフが一人現れた。そしてその彼が「どうせあいさつするんやったら握手してあいさつしましょう」と提案してくれた。「なんで握手?」と聞くと、「その日の元気さと体温がわかる、心のぬくもりが伝わる」という。そして、それは「元気体温計あいさつ」と命名され、実践されることとなる。

初めは、握手してあいさつしようとすると、「やめてー」とか、「ええー、なんで」とか、「仲間とはできるけど、上司とはいやや」とか、口々に反発が起こった。しかし、その時も、「私が変わらなければ周りは変わらない」という気づきがあり、信念を持って自分から率先して実行するうちに、半年、一年たつと全員ができるようになっていった。「完璧にみんながができるようになるまでに、二年かかったけどね」と笑う。その笑顔はやりとげてきた自信に満ちあふれていた。

最初は戸惑いながらだったが、朝、会社に来たら、社員やスタッフ同士、「おはようございます!」「今日もよろしく」と握手であいさつしている。もちろん社長自身も、駐車場でも現場でもどこでも握手してあいさつしている。今では三七年続く、会社の代名詞ともなっている社風である。

「振り返ってみると、『あいさつできへん人とは取引できない』という、商品ではなく人に対するクレームがなかったら、このようなあいさつの取り組みはしていなかったかもしれません。あいさつを導入していなかったら、人のことで絶えず問題が起こるような会社になっていたのではないかと思います。当時は腹も立ちましたが、今では、そう言ってくれたお客様に心から感謝しています。それがなかったら、今の会社の発展はなかったと思います。一番大きなターニングポイントですね」

そう話す川西氏の笑顔は、社内に流れる明るい社員パワーの源のように輝いていた。

■単純なことほどプロフェッショナルにやり遂げる

「一人で商売を始めてから何百人の社員を抱えるまで、経営させてもらっていますが、経営というのは、何か気づいたことを実行に移してみる、これが大切ではないでしょうか。思っただけでなく、すぐにやってみる、経営に反映させていくことが大切だと思います。悪ければ修正すればいいわけで、まずやってみる、動く、実践する、これは大事なことですね」

川西氏の言葉には、経験から生まれる説得力がある。

「それともう一つ。簡単なことをきちんとやり遂げる、プロフェッショナルと言えるくらいやることです。難しいことでなく、簡単なことこそをやり遂げたら、相当な力を持つ集団になると思います」

「元気体温計あいさつ」を続けるうちに、メディアからいくつか取材依頼があり、テレビで紹介されると大きな反響を呼んだ。あいさつという当たり前のことが、相当な力を持つことを実感している。

■「人」が企業を左右する時代

お客様もどうせ取引するなら、エネルギーをもらえるような元気な会社と取引したい、と考えているはずである。訪ねてくれるお客様からは「人に元気がある」と評価されている企業ではあるが、「人」が一番難しいと川西氏。これからは「人」。元気な人がいるから、笑顔の人がいるから、というように、人で商品や店や取引先の企業が選ばれる時代が来ていると断言する。選ばれる店、選ばれる企業には、選ばれる「人」がいるということなのだ。

そこで、社内でも人を育てることに力を入れている。「明るい運動制度」といって、社員の得意分野（たとえば、栄養士の資格を持っている）など評価して表彰している。これは、社員が資格を取った時や、検定試験で昇級した時など、その都度評価する制度で、給料にも反映される。

また、社員同士で評価し褒める「大きな評価賞」というものもある。各部署のスタッフが「こんな頑張っている人がいますよ」と推薦するのだ。推薦を受け、各部署の管理職が、週一度の管理職会議の時に、「どこそこの部署にこんな理由で頑張っている人がいると推薦されていますよ」と紹介。その会議で承認され「大きな評価賞」を授与するのだ。

これらの制度は、努力したら報われる職場を作りたくて始めた。努力したら報われる職場、これを形にすることが大事だと考えた川西氏。「ありがとう」「助かりました」という言葉だけでなく、形にすることで、社員のモチベーションアップにもつながっている。

職場を明るくする仕組みづくりを構築・実践する会社を認証する「ＡＫＳ００４１　認証制度」と

いうものがあり、その第二号に認証されたのが幸南食糧である。川西氏の明るい職場環境づくりは、最先端だったと言えるだろう。

そんな社内環境は、社員の居心地の良さも生みだしている。勤続何十年の社員、産休育休をとって復帰する女性もたくさんいる。社員の紹介でここで働きたいと採用試験に応募する人もいる。「人にやさしい会社」を経営すると、売上も利益も上がらないという経営者もいるが、そうじゃないと川西氏は語る。

「『人にやさしい会社』は人がエネルギーを出すんですよ。そうすると結果的に売上が上がり、利益が上がっていくんです。だから、弊社は『人にやさしい会社』『人に奉仕する会社』でありたい、と常に思っています」

「一番大切なことは、あいさつ以前に、上（社長や役員）が変わらなければ、周りは変わらない、社員も変わらない、ということです。ここが何より大事です。他を変えようとする前に、上が変わることです。名刺の肩書きが大きくなればなるほど、自分が気づくしかないのです」

社長や役員に対して「元気ないですよ」「暗い顔してますよ」「あいさつもしてませんよ」なんて誰も言わない。名刺の肩書きが大きければ大きいほど、自分で気づくしかない。これは、最も大事なことだが最も気づきにくいことなのかも知れない。このことに気づいた経営者は、大きな未来を手にするということを、川西氏が証明しているのではないだろうか。川西氏は、自分自身が気づいたことは、社員にも一つ一つ伝えている。

■日本の食文化・米文化を世界へ

川西氏は米を作る環境や健康のことまで考えている。

「時代が変われば環境が変わるものです。環境が変われば、お客様の需要や考えも変わっていきます。仕事の仕方は時代に応じて、お客様の考えに合わせて、変えていかなくてはいけません。環境や健康についても、お客様の要望があるから、それを先取りして、環境や健康を考慮して特化した商品をお届けしています」

自社のみではなく、お客様はもとより、米の生産者のことまでも考えていることに驚く。

「今までのようなものづくりでは、お客様の要望に応えられ

ないので、生産者さんに消費者の意見を伝えたり、協力したりしながら『環境にやさしい米を作りましょう』『安心・安全な米を届けましょう』とがんばっています。そのようなものづくりは手間暇がかかりますから、そこはお客様にもきちっと伝えて、それだけ価値をつけて料金をいただくようにしていています。そうすれば、お客様も生産者も我々もみんな笑顔、ハッピーになるじゃないですか。そのように生産者さんともつながっています」

幸南食糧に関わるすべての人がハッピーになる循環ができあがっている。

今、川西氏の目は、世界に向いている。

「飽食の時代、食の多様化の時代を迎えて、私も含めて、みんな食べることをあたり前に思っています。しかし、もっと生産者に敬意を払うべきです。日本の生産者の平均年齢は七〇歳近くになっています。作りたくても作れなくなっていて、農村部に行くと放置された田畑がたくさんあるんですよ。日本の人口は減っていっていますが、海外では増えています。人口が増えたら食べるものがいる。今、世界の人口は七五億人くらいですが、実際に食べるものを耕作できる土地は九〇億人分くらいしかないと伝えられております。海外で本当に美味しい日本の米を作るのは難しい。それより、日本で作った米で加工品を作って、海外へ送り届けたいと考えています」

安全を確保するためにポジティブリスト（残留濃度を超えた食糧を流通させない）にも取り組んでいる。全国にある工場はすべて世界基準をクリアする加工工場になっている。

また、健康を守る、という面で近畿大学農学部と提携して共同研究をしている。米は、玄米そのものの方が、食物繊維やミネラルなどの栄養価は高いが、きれいな白い米、食べやすい米の方が消費者に好まれる。そこで、時間をかけ、近大と共同で「玄米と同じ成分を残した白米」を開発した。それが「金賞健康米」だ。学会発表し、製品化して三年になる。食物繊維や鉄分、ミネラルをたくさん含む胚芽の部分を残した白米で、精米の技術と温度管理を徹底した画期的な商品である。

幸南食糧には、近大と提携した研究室と品質管理室がある。研究には大きな費用が掛かることから、産学連携で研究費助成を取得し、今後の日本の米文化、食文化にも貢献しようと動き出している。

■ひとつ苦しんで、ふたつ学ぶ。

川西氏の座右の銘は「ひとつ苦しんで、ふたつ学ぶ」。

仕事も人生もうまくいかない時、壁にぶつかったり、つまずいたりする時、「ひとつ苦しいことがあったら、逃げないで何かふたつ気づきを得よう」という意味である。

「前に進むことを考えなあかんし、前に進む気持ちを持たなあかん。そのための気づきです」

この気持ちは、現在の「気づき経営」の根源となっている。

多くの気づきを得てきた川西氏。松原市の小さな一軒の米屋が、現在の幸南食糧株式会社となってきた道のりには、多くの「気づき」による経営の転機があった。その転機に気づくか気づかないかは、まさに「人」に目を向けてきた経営術にあったのではないだろうか。

事業を通じて女性の健康と幸せに貢献する

有限会社青葉

骨盤ケアでお産のトラブルを減らす
未来の命を守るために今やるべきこと

代表取締役 渡部一博

有限会社青葉

〒578-0984　東大阪市菱江4丁目6番1号
ＴＥＬ：072-960-0507
ＦＡＸ：072-960-0508
ＵＲＬ：https://tocochan.jp
E-mail：info@tocochan.jp
設　　立：1997（平成9）年２月
資 本 金：2,000万円
事業内容：マタニティケア用品・ベビーケア用品の製造卸売販売

■妊産婦の九割が知っている「トコちゃんベルト」

現在、妊産婦の九割が知っている骨盤輪支持ベルト「トコちゃんベルト」。年間売上本数は約二〇万本。二〇一六年の出生数が約一〇〇万人というから、妊婦の五人に一人が使用しているということになる。

このベルトをはじめ、あらゆるマタニティケア・ベビーケア用品の開発を手がけるのが、有限会社青葉の代表取締役、渡部一博氏だ。有限会社青葉は実は、「トコちゃんベルト」が完成した後に、それを使った妊産婦の腰痛ケアを普及するために設立された会社なのだ。今では知る人ぞ知る「トコちゃんベルト」だが、販売当初は全く売れなかったという。ホームページを開設して情報発信をしたり、積極的に産婦人科や助産師さんの学会で展示したりして徐々に興味を持ってもらえるようになっていった。開発したのは助産師の信子夫人だった。

妊産婦の多くが訴える腰痛に頭を悩ましていた信子さん。自身も産後の腰痛には苦しんだ。あるとき受講したセミナーで、「骨盤のゆがみが産後の腰痛の原因」と知り衝撃を受ける。それから、整体技術を妊産婦の腰痛ケアに取り入れ、患者さんの意見も参考にしながら試行錯誤を繰り返し、「トコちゃんベルト」の原型がついに完成する。お産を意味する「tocology」がその名の由来だが、「妊娠してもお母さんがトコトコちゃんと歩けるベルト」という願いも込められている。

■腰痛の原因は骨盤にあり

「最初、産後の女性の腰痛の原因が、骨盤のゆがみにあるとは考えもしませんでした」

と渡部氏は振り返る。

妊娠すると、産道を確保するためにホルモンが働き、骨盤の関節やじん帯が一度ゆるむ。通常であれば出産後に元に戻るはずだが、それが戻らない状況で放っておくと骨盤にゆがみができ、腰痛につながるというのだ。

お産のために開いた骨盤が出産後二～三カ月で回復していたのは昔の話。現代の女性は筋力が落ちているので、ゆるみすぎてなかなか回復しない。じん帯はゴムみたいなもので、力のあるゴムは戻す力も強いが、伸びきって力のないゴムは戻らない。しかしきちんとサポートをしてやれば、ゆるみっぱなしで何年も経過したような骨盤でも、時間はかかるが必ず戻るのだそうだ。

「特に妊娠中は、じん帯や筋肉がゆるんでいるので、簡単に骨盤がゆがみやすくなっている時期です。でもそれは、戻りやすい時期でもあるわけです。そこでサポートしてやるものが必要なんです」

工業高校の機械科出身の渡部氏は数学が得意だった。統計関係の数字にも強く、かかる力をどう逃がせばいいかなど、物理学的な見地も製品開発に活かすことができた。

■学会が認めた骨盤輪支持ベルト

妊娠中に腰痛で歩けなくなったという妊婦がいた。病院に行っても、産婦人科では痛み止めの副作用を恐れてシップしか処方されず、苦痛は変わらない。そこで、何かないかと検索した結果、青葉のホームページにたどり着き、「トコちゃんベルト」を購入。着用の認可のために病院へ持って行き、医師の目の前で着用したところ、痛さで歩けなかったはずがスッと歩くことができたという事例がある。医師も腰痛が骨盤と関係するとは考えていなかったため、驚いた。

そういったこともあり、骨盤リハビリテーションの第一人者である、日赤医療センターの整形外科部長に「試しに使って欲しい」と依頼したところ、歩けなかった人が歩けるようになったという報告がなされた。この結果は論文にもなり、「トコちゃんベルト」は学会でも注目を浴びることになったのである。

青葉の開発する製品は、骨盤輪支持ベルトだけではない。クッションや枕、体操アイテムなど、多岐にわ

たる。産前産後のお母さんの悩みを解決するために開発された製品が多いが、お母さんに限らず老若男女関係なくその効果を発揮する。

その開発力を見込まれて、浜松医科大学・金山尚裕教授からの依頼で開発した「呼吸器」がある。これは腹式呼吸を補助するためのマウスピースで、口にくわえることで呼吸がしやすくなり、お産も楽になるという。吸う息よりも吐く息が長いと、血液中の二酸化炭素濃度が上がってくる。また酸素飽和度も上がってくる。二酸化炭素濃度が上がってくると、実は血管がゆるんで血液の流れが良くなるのだ。炭酸ガス風呂と同じ理屈である。過呼吸も防ぐ。このことは、周産期新生児医学会でも発表され、マタニティ関連製品開発において、青葉の名前は確実に認められているといえるだろう。

■日本で生まれる新生児の現状

日本社会では昨今、少子高齢化が問題視されているが、「実は、少子こそが一番の問題」と渡部氏。

渡部氏によると、統計を調べれば日本の総出生数のおよそ二割、五人に一人が帝王切開で生まれており、また一〇人に一人が低出生体重児（出生時の体重が二五〇〇g未満）となっている現実がある。さらに、年間四二万件もの体外受精が行われており、出産に至った人数は五万強。全出生児一〇〇万人のうち、二〇人に一人が体外授精で生まれていることになる。そしてなんと、一〇〇人に一人が「発達障害」と診断されているというのだ。これだけでも驚く数値だが、さらに大変なことがあるという。それは、「ロコモティブシンドローム」である。

ロコモティブシンドローム（以下ロコモ）とは、筋肉、骨や神経などの運動器に障害が起こり、日常生活に何らかの悪影響を及ぼしている状態のことを指し、寝返りが打てない、歩行や立ち座りすらうまくできなくなるという。これは加齢による機能の低下によって引き起こされるため、高齢者の症状だと考えられてきたが、なんと今、ロコモと診断される子どもが増えてきている。片足立ちができない、しゃがみ込みができないというのだ。

数年前、埼玉県の整形外科医が、小・中学生を対象に検査した結果、四割を超える子たちが引っかかったというのだ。その後、関東で保育園・幼稚園を対象に同じ検査を行うと、六割に及ぶところも出てきた。慌てて、国が全国調査をしたところ、やはり四割が引っかかってくるという結果となった。一体何が原因でこうなってしまったのか。渡部氏は、胎内姿勢が原因のひとつなのではないかと考えている。生まれる前、母親のからだの中にいる時の姿勢に問題があるという。

そして、その姿勢が悪くなる原因が、母親の筋力の弱体化に深く関係している。

江戸時代の女性は、一日に三、四〇㎞ほどは歩けていたという。昭和二〇年代頃までは、妊娠中も拭き掃除などを平気でしていたはず。骨盤を支えるじん帯や筋肉も、日常生活の中で鍛えられていた。ところが今は、ほとんど歩かない。妊娠すると赤ちゃんを産む準備のために骨盤がゆるむのだが、歩くことが激減して筋力が低下し、普段から骨盤がゆるんでいる状態の現代の女性は、必要以上にゆるみすぎてしまうのだ。生活環境の違いを痛感する。

「骨盤のゆるみは、内臓下垂を引き起こしています。内臓下垂は子宮が大きくなるのを妨げてしまうため、赤ちゃんは狭い子宮の中で自由に動けず、悪い姿勢を取り続けることになる。さらに独自の調査で分かってきたことが、妊娠経験の有無に関わらず「腹直筋離開」が増えてきているということ。これが起こると、妊娠すると前に出てくるはずのおなかが横に広がってしまう。横に広がるとおなかの中で赤ちゃんの姿勢が崩れるリスクが高くなるんです」

このことを知らない助産師が多くいるということも問題なのかもしれない。

■骨盤ケアで未来の命を変える

骨盤がゆるむことによって、本来S字状になっているはずの背骨のカーブがゆるくなり、かつ「側弯」といって左右にゆがんでいる女性が増えてきている。骨盤や背骨がゆがんでいると、出産時に胎児の肩が骨盤に引っかかるなどして、難産になるだけでなく、そのことが原因で、生まれた赤ちゃんが泣きやまない、寝ない、母乳をうまく飲めないなど育児のトラブルにもつながっている。

また、これは様々な要因の中のひとつに過ぎないが、低出生体重児の増加の背景には、骨盤の状態の変化による胎内環境の悪さも関係していると考えられる。産婦人科医、小児科医、栄養士などの専門家からなる「日本ＤＯＨａＤ研究会」の学説によると、出生体重の低下が多くの生活習慣病の発症リスクを高めていることが明らかになってきている。赤ちゃんが胎内に宿った時から乳幼児期に過ごした環境が望ましいものでない場合、元々持っていた遺伝子情報が変わり、それが疾病素因となる。さらに生まれた後の環境や過ごし方も複合的に作用することによって、生活習慣病を含む成人病を発症するそうだ。

渡部氏は、妊娠初期からの骨盤ケアで胎内環境を整えることが、低出生体重児や育児のトラブル、子どものロコモといった問題の減少につながるのではないかと語る。

「このような問題を少しでも軽減したいという思いで、我々は日々情報の発信と骨盤ケアの普及に注力しています」

骨盤ケアについての指導を受けることのできる青葉直営店「トコちゃん教室&Ｓｈｏｐ」には、全国から月間二〇〇名以上の妊産婦さんが訪れ、教室に参加している。こういったサロンが全国に必要なのだが、サロンを全国展開するには各地に知識のある助産師が必要になってくる。そこで、全国の助産師を対象に「骨盤ケア教室を開きませんか？」という出張講義を展開している。骨盤ケアの知識を持ってもらうこと、技術を身につけてもらうことで、地域ごとの活動が広がることを望んでいる。一人でも多くの助産師さんに骨盤ケアの指導をしていただくことで、妊婦さんと赤ちゃんの健やかなお産と成長につなげたいという強い思いがある。

■すべてはお母さんと赤ちゃんの笑顔のために

「まずは二人に一人、それでもまだ少ないので、目標はすべての女性に骨盤ケアを受けて欲しいと思っ

ています。少子化が進む現在、我々にできることは、生まれてくる赤ちゃんを、どれだけ健康に生まれてこられるようにするかだと思っているんです」

もっとトコちゃんベルトを普及させて、子どものロコモを生み出さない状況を作らなければいけないという使命を感じているのだ。少子化なのに、健康でない子どもが増加している現状。これでは日本が沈没していくと憂慮する。これを見過ごしていては日本の未来はないという、切迫した気持ちが製品の開発と普及へと突き動かしている。すべてのお母さんと赤ちゃんが健康に、笑顔で過ごせるように。そのためには日常的なセルフケアが欠かせない。

「もうひとつの大きな問題は、こういう現実が知られていない、教えられていないということです。妊娠・出産をしない女性も増えていますが、こういった現実は一人でも多くの人に知ってもらいたい。出産時、骨盤がゆるみゆがむことによって腰痛などの不調が起きるし、赤ちゃんにとっても悪い影響がある。だからケアが必要だということをもっと早い時期に知ることが重要だと思うんです」

その情報と最先端の技術が全国に広く浸透すれば、一人一人の女性が変わり、生まれてくる赤ちゃんが変わり、そして近い将来、日本の未来が変わっていくということを示している。

■「青葉があって良かった」と言われるために

先の「日本ＤＯＨａＤ研究会」の考えで言うと、受精してすぐのはい芽期からわずか二〜三年の短い期間でからだの悪い原因はできる。つまり、人間の健康は子宮環境が影響するということになる。次に健康に影響するのが、乳歯が生える一～三歳期。それはなぜか。ごく最近言われ始めているのが、脳梗塞の原因は歯周病菌だという説だ。歯周病菌は誰にでもあるが、それが発症するかどうかの分かれ目は、乳歯が生えるときの口腔ケアをしっかりやっているか否かなのだ。最初に歯に付くのは善玉菌。善玉菌が育てば、悪玉菌が入ってきてもガードする役割を持つ。同じ歯周病菌を持っていても歯槽膿漏になる人とならない人がいるのは、そこにかかっているということになる。

このようなことから、胎内にいるときから三歳くらいまでが、一生の健康を左右する最も重要な時期だと言える。

「お産は、人間の健康という視点からも絶対に見逃してはいけないのです。学会でもやっと認められてきていると感じています。女性には、自分のためにも赤ちゃんのためにも、からだを大事にして欲しいですね」

そう話す渡部氏の目は、命を守る優しい目になっていた。そして、こう続けた。

「生まれてきた子どもをどうするかは、運動生理学になりますが、それ以前の問題として、ロコモの子どもたちが生まれる条件を少なくしていきたいんです。究極は、今から何十年か経って、こういう状況が認知されてきた時に、日本の中に青葉という会社があって良かったなと、多くの人から言われるような会社になれるよう、社員一同でがんばっています」

渡部氏の強い意志が伝わってくる。まさに、ひと葉の青葉がすくすくと成長し、枝になり、樹になり、青々と茂っていく。そんな未来を確信してやまない。

「鮮度がごちそう」

大起水産株式会社

本当に新鮮な海の幸を多くの人々へ届ける
日本を「食」のテーマパークに

代表取締役会長　佐伯保信

大起水産株式会社

〒591-8012　大阪府堺市北区中村町607-1
ＴＥＬ：072-258-1001
ＦＡＸ：072-252-7300
ＵＲＬ：http://www.daiki-suisan.co.jp/
設　　立：1975（昭和50）年11月
資 本 金：9,000万円
事業内容：水産物の小売販売、回転寿司他の外食事業

■魚のおいしさを多くの人に伝えたい

関西国際空港が開港した一九九四年九月四日、六時一分着のグアムからの日本航空の臨時便一番機に、大起水産の「生・キハダマグロ」一四四尾（四四四〇kg）を積んだメモリアルフライト便が到着した。通関を終えた生マグロは直ちに各店舗に配送され、一〇〇g・一〇〇円で販売され、待ちわびた多くのお客様に感動を与えた。さらに、インバウンドが増加傾向になりつつあった二〇一五年の八月には、関空国際線到着エリアで一週間、生・本マグロを一日三尾解体し、にぎり寿司にして約三万名の訪日外国人に無料で振舞われた。

「日本に来てくれた人たちに魚の食文化でおもてなしができた」

そう言って笑うのが、大起水産株式会社の創業者であり現会長の佐伯保信氏である。

一九七五年の創業以来、水産業で大きく成長してきた大起水産グループ。卸売業、小売業としてスタートしたが、その名を有名したのはやはり、リーズナブルで美味しい回転寿司チェーン「大起水産回転寿司」であろう。また、産地直送の新鮮な海の幸を買える「街のみなと」も大人気だ。抜群の集客力で店舗網を拡大し、業績を上げ、グループの年間売上高は二〇〇億を超える。

「魚のおいしさは、鮮度が決め手となります。『新鮮』だから『美味しい』のです。大起水産では独自の仕入れルートを開拓し、とれたての魚をその日のうちに新鮮なまま各店舗へ届けています」

「産直」という言葉は今でこそよく耳にするが、大起水産開業当時はまだまだめずらしい取り組みだった。当初は交渉に苦労したそうだが、「鮮度」にこだわり、消費者にも生産者にもメリットのある流通システムを築き上げた。

■生まれついての商売人

一代でこれだけの企業に築き上げ、三方よしの精神で豪快に大阪から日本の水産流通を引っ張る佐伯氏だが、出身は愛媛県。生まれは中国・満州で、二歳の時に家族で舞鶴に引き上げてきた。

祖父も父もみな申年生まれ。中国にいた時の隣人が稲荷信仰に通ずる人であったので、両親は我が子が申の年、申の月、申の日、申の刻に生まれるよう毎日祈願し、その通り生まれたのが佐伯氏であったという。まさに「神の子」だと大切に育てられた。

その縁あってか大起水産が伏見稲荷大社に鳥居を奉納する時には、千本鳥居の八番地一一一番目という縁起の良い位置に建てられた。その後、毎年一〇月初旬の講員大祭の日に生・本マグロの奉納と解体を行いにぎり寿司にして講員の皆様に振舞っており、お稲荷さんとの御縁は揺るぎないものとなっている。また、大阪天満宮や住吉大社においても生・本マグロを奉納し、解体したてをにぎり寿司にして特別価格で提供している。

中学卒業と同時に大阪に出てきた。その目的はただ一つ、「商人」になるため。父親は商売人ではなかったが、自分が生まれながらに商売が好きだということは、子ども心に感じていたという。商人の町・大阪への憧れがあり、「商人というのは己を磨いて、その分だけ大きくなる」という信念を胸に、一五歳の青年は夢に向かって歩みだした。

まずは堺の親戚のバナナ問屋で働きながら、商業高校の夜学にも通った。しかし、仕事が忙しく、初年度から通学に支障が出た。同級生から「魚屋なら朝が早い分終業も早いから、夜学にもちゃんと通える」と魚屋を紹介してもらい、転職することにした。実は生魚が苦手で触れることもできない佐伯氏だったが、担当が塩干物であったことが幸いした。主に扱ったのはちりめんじゃこ。経験を積むうちに、ちりめんの良し悪しが見分けられるまでになっていった。鮮度が何よりも大事だということもここで学んだ。

そして三〇歳で大起水産株式会社を設立。場所は堺中央卸売市場内で、塩干類の卸売業からはじめた。その後関連会社や飲食店舗を次々に開業し、事業を拡大していった。冒頭にも述べた生・本マグロの解体ショーは毎年各地で開催、今では国内にとどまらず海外でも開催し、日本の和食文化を世界に発信している。

■父から受け継いだ「高等貧乏の精神」

戦中戦後、モノのない時代に育った佐伯氏。この時代を生きた人間にはハングリー精神があると語る。昔

から父親に、「高等貧乏になれ」と言われていたそう。どんなに生活が苦しくても物欲に負けないで、いつでも心は明るく、貧乏に見えないような生活をするようにと。

「要するに、心の持ち方だと思うんです。心の持ち方によって、チャンスでもそう、自分がこうなりたいと思うものがなければ、どんなに良い人に巡り合って、どんなに良いアドバイスをもらっても、それをチャンスだと感じることができない。それでは次のステップを踏めないでしょう」

どんな道を歩むにせよ、ただ歩くだけでは意味はなく、なにか目的を持って歩かなければいけない。ただ行って帰ってくるだけなら誰にだってできる。その道中で考える人間になってこそ、チャンスがやって来たときに反応できるのである。自分の強みや特長というのは、本人にはわからない。目標を持って一生懸命に勉強するとか、頑張った人間だけが自分の良さをわかってくるのだという。

よく「天職」というが、自分の天性に合う職業が最初からわかる人などほとんどいないだろう。佐伯氏は顧客の目線で常にモノを考え、見ている。女性がどう思うかなど、多くの人の意見を聞き、参考にして結論を出しているから、今の大起水産があると推察される。そんな佐伯氏から意外な言葉が

出た。

「たまたま『食』の商売をしていますが、商売ならなんでもよかったんです。人と接してモノを売る。それが好きだった。ただそれだけなんですよ」

それを望んで「食」に携わったわけではないと。しかし、こうも続けた。

「性に合っていたんだろうと思います。『食』は単純明快。お客さんが食べたらすぐにわかるじゃないですか。嘘偽りのない『食』だからこそ、自分の天職となり得た。商品である魚は一度も触ったことないけどね（笑）」

ぶれない信念を持つ佐伯氏だが、これまで失敗や不安なことはなかったのだろうか。

「悩んだり後悔したりしたことはこれまで一度もないですね。何事も自分が納得してやっているから。それで結果がダメだったとしても、それは失敗ではありません」

父から受け継いだ「高等貧乏の精神」が影響している。いつでも心は明るく前向きに、シンプル思考。この生き方でやってきたからこそ、チャンスをつかみ、ここまで成長したのではないだろうか。

■一番大事なことは「夢を持つこと」

一番大事なことは「夢を持つこと」ときっぱり。そしてそれを成し遂げるための方法は、仕事で覚えるものではなく、人から教わるものだと語る。考え方、学び方は人それぞれ違うが、佐伯氏は何事も人から学んだという。

「私の場合、本は読まなかったね。受け止め方が違うのだと思います。ちょっと人とは違う角度で物を考えるのかもしれない。私の名前・佐伯保信には漢字四文字すべてに人偏が付いています。人を大切にして、人に学ぶことが私の人生には大きかったと思います。私に魚のことを教えてくれたのも全部、人です。社員からも教わりましたし、他社の人からも教えてもらったし」

一方、ビジネスモデルは自分で構築するものだとも語る。今まで人がつくってきたものを真似るだけでは、基盤にはなってもそれ以上のものにはならない。その上に積み上げ、さらなる成長を目指すには自分の考えをプラスしていかなければならないのだ。

飲食業で価格、味だけで勝負をかける店は、ある程度は伸びるが最後に何も残らない。「食」を商売にするにあたり、リーズナブルで美味しいというのは当たり前。それが頭の隅にある佐伯氏は、そこにプラスα、何ができるかを常に考えている。これまでいくら儲かっても満足したことはないという。お金ができれば、それを使って商売をステップアップさせることができる。つまりそれは、次へ進んでいくための軍資金であるということ、生きた金を使えということなのだ。

「お金というものは動いてこそ活きる。お金持って死ねないし」

商売で儲けたお金は自分のものではなく、お客様から預かったもの。そして預かったお金はお客様にお返ししなければならないという意識がある。その気持ちが社会貢献事業にもつながり、それがまた人を呼び、新しいアイデアを生んで、また次の商売へとつながっている。

「夢を追い続ける利点は、まず、人生がぶれない。一念岩をも通すといいますが、信念というのは自分の思いです。思いというのは夢から出てくる。どんな障害があっても思いを変えず貫くことによって夢にたどりつく。夢を持つことが何よりもその人を成長させるんです」

■企業理念は「鮮度がごちそう」

「それとやっぱり、基本は優しさです。みんなに美味しいもの食べてもらいたいという気持ちがあります」

お金のある人もない人も、みんなに美味しいものを食べてもらいたいというのが大起水産のテーマであり、そのために努力してきた。一〇〇円寿司よりは少し高いけど、本当に新鮮で美味しいものをできるだけ低価格で提供する。高価な寿司は絶対に売りたくないとまで言い切る。

「生ものは足が早いので、その日獲れたものはその日に売りたい。三〇年前から、ラジオ大阪で日本海・鳥取県境港の漁場から産地市況を放送し、新鮮さを追求して漁場直送を始めた。また、自社ブランドの商品開発を通して、新しいビジョンを展開しています」

もちろん、食材には原価がある。特に魚の値段は

日々、大きく変動する。しかし佐伯氏は原価そのものを店舗には持ち込まない。仕入れ原価が上がっても店舗には値段を変えずに供給するというのだ。上がった分は会社が負担し、店舗にはリスクを負わさないようにしている。相場が上がったときでも、品質、価格を変えずに提供できるのは、独自の仕入れルートを開拓している大起水産ならではの特徴だと言える。

「仕入れや人件費に限らず、すべてにおいて経営者が責任を持たないといけません。ちょっと悪くなってきたときに、店舗に責任を押し付けるような勝手なことを言う経営者もいますが、それは殺生でっしゃろ、ネタを小さくするからです」

大起水産では、それぞれの店舗のマニュアルもルールも会社が作っている。社員はすべて守ってくれているだろうが、実際細かいところまでは目が届かない。

「自分の背中を見せるしかないと思っています。一〇〇%マニュアル通りにしてもらおうと思ったら、経営者としての心意気を示して、人柄を信用してもらうしかない。美味しいものをリーズナブルに売っていく。この基本姿勢だけは絶対に変わらないように、全社員に伝えています」

「鮮度がごちそう」

特別な社員教育はしていないという。ただ一言、「これはお客様に失礼やと思わんか」とだけ言う。その方が今の社員は理解する。社員数は五人からスタートして、二〇人になり、五〇人になり、一〇〇人になって、今では三〇〇人になった。苦楽をともにした社員とは、しっかりと信頼関係が築かれているのだろう。積み重ねてきた体験が言葉に重みを加える。

そして驚くことに、新しい店を開店するときには、必ず幹部社員が頭を下げてお客様を出迎える。組織が大きくなっても「優しさ」を忘れずに商売ができる原点なのだろう。

「うちの良さを知ってもらうには、あちこちの街に出向いて、お店を出し、みなさんに知ってもらうことが重要と考えて、出店してきました。名前が名前を売っていったと思いますね」

■商人の心意気で「日本の魚食文化」を世界に

「今、世界的に日本食ブームが広まっています。日本食がこれだけ世界に浸透し『和食』が世界文化遺産にまでなったのも、日本人が健康長寿であり、日本の『食』が健康食として認められたということだと思います。そして、日本人の生き方、思考が尊敬に値するものだと認められたのだとも思っています」

今では食に携わっていることに誇りを持っている。そして、「世界中の食卓に日本食を」という目標を掲げ、世界に向けて日本食の美味しさを発信し続けている。

大商人になったともいうべき活躍・発展を遂げている佐伯氏だが、今後の展望を聞くと、即座に

「まだまだいっぱいある」と目が輝いた。まず、日本全国を「テーマパークにしたい」というのだ。「日本は水産王国です。流れる水も海もきれいな国、養殖もできる日本の素晴らしさ。これを生かした食のテーマパークをつくりたいと思っています」

今まで通り水産業もしながら、食の観光ルートを形成したいと考えている。そうすることで、日本の素晴らしいところをもっと国内外の人に見てもらえるという計画である。京都の歴史、大阪の食文化、神戸の船来文化はじめ、全国各地で、海外では真似のできないところがいっぱいある。

具体的なプランとして、出発の地・堺の店舗が大きく変わろうとしている。二〇一八年秋に、多種多様な飲食店を包含するフードコート施設のオープンを計画中なのだ。今ある「街のみなと」、「大起水産回転寿司」に隣接するおよそ六〇〇坪の店舗も包含し、八〇〇坪ほどもの大型店舗となる見込みだ。堺店ではすでに、インバウンド観光客の大型バスや、国内観光客のツアーバスも誘致しており、集客力は十分にある。

「安くて美味しいのは当たり前。それにプラスして、楽しいものを作りたいんです。これは大起水産にしかできないことだと思います。アイデアはようさんありまっせ（笑）」

プラスαを探求し続けている佐伯氏の口から出てくる未来展望には何の違和感もない。発想の柔軟性と、とめどないアイデアの源泉は、やはり常に違う角度から物事を考える佐伯氏だからこそできる技なのかもしれない。こういう人が、今後の日本の食文化を支えていくことは間違いないだろう。

日本全体を「食」のテーマパークに。そして天下の台所・大阪から「日本の食文化」を世界に。

人間としてのチカラを持つクリエイター集団

ミュゼグループ

人が輝く瞬間に妥協しない
磨きあい、分かちあうサロン

代表取締役　丸山隆三

ミュゼグループ
〒651-1302　兵庫県神戸市北区藤原台中町2-2-4
ＴＥＬ：078-981-3200
ＦＡＸ：078-981-3228
ＵＲＬ：http://musee777.com
E-mail：share7musee@yahoo.co.jp
設　　立：1995（平成7）年7月
資 本 金：300万円
事業内容：美容室・ネイルサロン経営、神戸美少女図鑑、美容職業訓練校

■独立心から決めた美容師としての道

神戸電鉄三田線「岡場駅」からすぐのところにそのガラス張りのビルは建っていた。各フロアにはコンセプトの違うサロンが展開されている。最上階のオフィスに着くと、俳優の岩城滉一を彷彿させる人物がにこやかに迎え入れてくれた。

この人が、神戸市北区を中心に美容室ミュゼグループ一〇店舗（ヘアサロン八店舗、ネイルサロン二店舗）をまとめる代表の丸山隆三氏である。生まれ育った鹿児島から、縁あってこの地に来て約四〇年。今では、このエリアの町おこしプロジェクトをいくつも運営する北神戸の顔である。

事業は、美容室・ネイルサロンの運営のほか、「神戸美少女図鑑」という「普通の女の子たち」をモデルとして起用した写真集の発行、ファッションショー「北神戸コレクション」や美容コンテスト「神戸フェスティバル」、美容職業訓練校の運営など、その経営手腕には目を見張るものがある。

なぜ美容師になったのかという問いに丸山氏はこう答えた。

「鹿児島の田舎で育ったので都会の情報はほとんど入ってこなかったんです。そんな中でどんな仕事をしていこうかと考えたときに、自分で何か築いていけるものがいいと思っていました。調理師、建築士、裁縫師など。その中に、美容師もありました」

そんなある時、実兄が時代を席捲していたピンク・レディーと一緒にテレビに出る機会があり、それを見て「あ、自分たちでも芸能人に会えるんだ」と思い、「どうしたら会える？　美容師になったら会えるかも…」そんな発想で美容師になることを決めたという。高校三年生の時だった。卒業後、同じ学校の先輩が勤めていた縁で、神戸市北区のサロンに就職。それがここ北神戸での始まりである。

当時の北神戸には何もなかった。山と田んぼだけの町。次々に開発される分譲地を横目に、美容室で一生懸命がんばった。入社のきっかけをくれた先輩の退社に伴い、二一歳で店長となった丸山氏は人事も担当。人材育成にもやりがいを感じ、求人のため遠方にも出向いた。後輩を地元鹿児島から呼ぶなど奔走してスタッフを集めた。そうして店を大きくしていったのだ。しかし、神戸に来て一七年目、自分の今後を考え始めた矢先に、阪神淡路大震災が起こった。

■生き方を変えた阪神淡路大震災

被災地で美容師ボランティアとして活動する中で、自分の生き方を見つめ直した。それまでは、生活するお金を得るためだけに仕事をしていた。しかし、震災で家族を亡くし悲しみに暮れる被災者のカットをした時に言われたことがある。

「物も無くして、人も亡くしたけど、あんたのおかげで元気になった。いつまでも落ち込んでいたらあかんね。お父さんの分までがんばって生きなあかんね」

そのひと言は大きかった。「この仕事は、人に元気を提供できる仕事なんだ」と実感するきっかけとなった。

お金を得ること以上に、人とのつながりの中にやりがい、生きがいを見出した丸山氏は、活動しやすい環境をつくるために独立を決意し、自身の店をオープン。平成七年七月七日、「ミュゼ」一号店の誕生である。

そして三年後には、震災のボランティアで出逢った同じ思いを持つ美容師たちと一緒にアメリカ村でヘアショーを開催。つながりを大切にする丸山氏の元に集まった仲間で、「ミュゼ」という同じ屋号のヘアサロンを開店させる。

その後、経営者としてのネットワークもでき、二〇一〇年には経営を主とした組織「美容師軍団ブリッジ」を設立。合宿なども実施し、美容室経営者としてのノウハウなどを相互に勉強して成長する軍団を率いた。

■地域活性のための「神戸美少女図鑑」「北神戸コレクション」

ある時、新潟から始まった「美少女図鑑」という写真集の存在を知る。地方にもできることがある、北神戸でもできる！　そう確信した丸山氏は、二〇〇九年、「神戸美少女図鑑」を創刊した。神戸電鉄から「電車の利用者を増やしたい」と相談があった時も、「神戸美少女図鑑」を使って盛り上げる方法が何かないかと熟考したという。結果、「神戸美少女図鑑」に登録された女性の中から「神戸電鉄親善大使」への任命を決め、地域に貢献するプロジェクトへと進化してきている。

また、「北神戸コレクション」を二〇一二年から年に一回開催。過疎化が進む北神戸の地域活性に取り組んだ。この「北神戸コレクション」の活動は、今では行政、電鉄、銀行をスポンサーに持つまでに成長し、まさに丸山氏が北神戸の地域活性の中心にいることが証明されている。

「正直、収益性はありません。それでも続ける理由があるんです。制作に関わる人たちはみんな活き活きした表情をしています。みんなに喜んでもらうこと。これが一番の理由です」

活動のコンセプトは地域活性化。そして何より、普通の女の子が「自分にもできるかもしれない」と、自分に自信を持ってもらえる活動にしたいという思いがある。中には、女優やアナウンサーを目指す子も出てきた。自分に自信をつけることで、活き活きと人生を送ることができる。また、ヘアメイクはミュゼスタッフを中心として担当するほか、美容学生にも参加してもらい、技術を高め合う場にもなっている。サロンワーク以外の仕事に関われることは、美容師にとっても大きな成長につながるのだ。

二〇一七年は約一〇〇人がモデルとして掲載されたのだが、終わった後の感想を聞くと、「今まで自分に自信がなかったけど、自信が持てた」「もっと自分は元気でいないといけないと感じた」など、うれしい言葉が返ってきた。丸山氏の想いはしっかりと伝わっている。

全国の美容室の数は、コンビニよりも、信号よりも多い、二三万軒である。その中でも、通常のサロンワークのみをやっているところがほとんど。もちろんそれも重要だが、ミュゼグループはそれに加えて色々な活動をすることによって、スタッフの感性が高まり、より良いものをお客様に提供できる、それはつまり営業にもプラスになると考える。

「つながりをつくってくださる方が増えてきました。時間も労力もなくてこちらから営業はできていないのですが、活動を見聞きして声をかけてきてくださるんです」

まさに人の縁をつないで成長した証である。

■自分の経験から生まれた、「働き続けられる」環境

この業界はスタッフの離職率が高く、一年で三〜四割、三年で五割、一〇年で一割が残っていればいいと言われている。そんな中、ミュゼのこの五年間の離職率はたった一人。

その秘訣は、入社時のヒアリングにある。丸山氏は、みんながやりたいことを現実化していくのが自身の役割だと思っており、将来何を目指しているのかをしっかりと聞き出すのだという。お店を出したい、お金持ちになりたい、店長になりたい、海外で挑戦してみたいなど。では、それを実現するためにはどうしたらいいのか、ということを導いていく。そのうちに独立したいとか、他店へ行って経験したいとか、辞める理由がなくなっていくのだ。

「自分自身も結婚して、子育てに関わりながらサロンワークを経験してきたので、最初から店に社員用の託児室を設置し、結婚しても続けられる環境を整えました。うちの既婚社員の特徴は、子どもに

一人っ子が少ないことなんです。子どもを複数育てながら勤務できる環境なんです。もちろん産休・育休をしっかり取る人もいれば、産休明けで復帰する人もいます。安心して休め、安心して働き、続けていける環境が整っているんです」

丸山氏が常に社員のことを考え、行動していく背中に、みんながついていかないはずはなかった。技術を磨く仕組みや、やりたいことをやっていける環境をつくることで、働くスタッフに「ここにいたら成長できる」「ここにいたら幸せになれる」と思ってもらえれば、辞めてしまうこともない。また、自身が独立した時にいきなり借金に直面した経験から、貯金する仕組みを学ぶ機会もつくっているそうだ。そうして環境を整えていく内に離職率も低くなっていった。

■「一年デビュー」で業界に新しい風

今では、美容師養成訓練校の事業も展開中のミュゼグループ。そして、そのスクールの持つ大きな特徴は、「一年デビュー」だ。

「野球の大谷翔平選手や藤波晋太郎選手を見た時に、これだ！　と思いました」

一八歳ルーキーがいきなり一軍で活躍する世界を見て、美容業界にも導入しようと閃いたのだ。

「我々の業界では三～五年は下積みがあって、日の目を見るまでにめちゃくちゃ時間がかかる。こんなことをしていたら、自分も嫌になったと思いますよ。自分はたまたま、早くに店長という立場で仕事ができたから続けられました。今の若い人たちは何がしたいかと聞くと、「カットがしたい」と言う。でも、すぐにカットさせてくれるお店ってなかなかなくて、いつまで経っても切らせてもらえない。下積みの間に気持ちが折れてしまうんです。離職の一番の理由は、自分がやりたいことができないということに対するストレスです。そういうことから、うちでは「一年デビュー」を目指そうという方針にしました」

指導・教育の理念は「してみせて、言って聞かせて、させてみて、褒めてやらねば、人は動かじ」。たとえ一八歳でも、仕事としてやるからには「すべてにおいてプロ」としてお客様と、そして自分自身と向き合わないといけないと考える。

また、日帰りバス旅行、慰安旅行、一泊二日の忘年会など、社員一同が大家族のようなアットホームさもミュゼの特徴だ。寝食を共にすることで社員同士の仲も深くなり、お店の空気感にも関係してくるのだ。お客様から「みんな仲がいいね」と言われるとうれしくなる。そういう居心地の良さを大事にしたい。それが「家族」そのものだから。

■鹿児島から心のどこかに根付いていた「自立心」

震災で、いつ何が起こるかわからないことを痛感した。いつ何が起こってもいいように自分を持っていようと心に留め、スタッフにも自立についてよく話す丸山氏。

「一人のお客様と向き合って、もしその人が来てくれなくなれば、それはすべてが自己責任です。自立もテーマなんです。そこを目指す人がうちには来るので、常にチャレンジする体質になっています」

そんな丸山氏には次のような信条がある。

生きるとは、だれかに借りを作ること。
誰かに借りたら、誰かに返そう。
誰かにそうしてもらったように。

この言葉は常にスタッフに伝えているので、各店長も「人を育てる」ということを意識して店舗運営をしている。その中のひとつが「神戸美少女図鑑」であ

り、「北神戸コレクション」で、人生を変えるお手伝いにつながっていると考えている。丸山氏の伝えたい想いは、しっかりと受け継がれているのではないだろうか。

一〇年前、丸山氏は、スタッフらが一〇年後も美容業界でやっていける年収のことを考え、一気に店舗数を増やすことを決めた。

「次に働く場所をつくっておかないと、このスタッフたちの収入を確保できないと思い、先行投資しました。花に例えると、花がたくさん咲いている状態では根腐れを起こします。株分けすると新たに花が咲く。早め早めにそういうチャンスをつくることで、力がつくと考えたんです」

驚きの決断である。それぞれが店長となる店を出店し、最初は苦しくとも、三～四年で実になるようにしたのだ。二三万軒ある中からお客様に選んで来ていただける美容室をつくるためには、「力をつけさせて人が育つことが一番」だという考えである。

「経験に勝るものなしと実行しましたが、当時はスタッフに理解してもらえず、ついていけないと言われたんですよ（笑）」

一〇年経った今、幹部は一〇名。一〇年以上勤務する店長クラスだ。「共にやってきてよかった」と言ってくれている。丸山氏の考えは決して間違いではなかったのだ。

■一〇〇年企業を目指す

「今後の一番の目標は一〇〇年企業です」

丸山氏はきっぱり言い切った。

「自分は当然そこに至ることはないわけですが、自分が死んでも、誰が誰に何を引き継ぐか、大事にしなければならない軸を持って、まずは一〇〇年継続する企業を目指す。それが後に続く社員に安心を与えるキーワードかなと思っています」

北神戸に来てから約四〇年。まさに地域活性化、町おこしに関わってきた時間だったといえる。

「これからもこの町を中心に、いろいろなものが動くようなエリアになればいい」と語ってくれた。

「目の前の方が自分を必要としてくれていることがありがたいし、一緒に年を重ねていくこともありがたい時間です。美容師としての仕事をしている時が一番楽しい」

そう笑う丸山氏にとって、美容師という仕事は天職と言えそうだ。

二〇一五年、ミュゼは二〇周年を迎えた。人生のターニングポイントでもある震災を振り返り、祈りを捧げた。そして、お客様の声から、卒業式や成人式などの催事の需要に応えるべく、二〇一六年に和装事業を立ち上げ、着物レンタル・販売も始めた。ほかに脱毛事業、男性専用美容室、オリジナルプロダクト開発など、普段来ていただいているお客様の大切な日にお役に立てないようではいけない、とスタートさせた事業は多岐にわたる。

「金を残すは下、モノを残すは中、人を残すは上」という言葉を心にとめ、丸山氏の挑戦は続く。すべてはお客様のために。スタッフのために。

この想いは一〇〇年後も受け継がれているに違いない。

人が会社を育てる

株式会社中央電機計器製作所

仕事があるから人を雇うのではなく、いい人を雇ってから仕事を作ればいい「人」を原点としたダイバーシティ経営

代表取締役 畑野淳一

会長 畑野吉雄

株式会社中央電機計器製作所

〒534-0013　大阪市都島区内代町2-7-12
TEL：06-6953-2366
FAX：06-6953-2414
URL：http://www.e-cew.co.jp
設　立：1960（昭和35）年1月
資本金：1,000万円
事業内容：電気計測器製造業

■新・ダイバーシティ経営企業100選

「こんにちは！」元気な笑顔で迎えてくれたのは、外国籍の若い女性社員。事務所に一歩入ると、何人もの女性がパソコンに向かい作業をしている。彼女たちの表情は、生き生きと活力に満ちている。

全社員中女性が三割以上。外国人も一割いる。産休・育休を取得後、復帰して子育てと両立しながら働く女性も多い。入社の競争倍率は、なんと三〇倍。会社説明会には長蛇の列ができるという。中小企業の製造業というイメージを裏切る、明るくて活気のある職場だ。

大阪市都島区で寸法自動測定装置・計測システムなどの開発製造事業を展開する株式会社中央電機計器製作所は、経済産業省が実施する平成二七年度「新・ダイバーシティ経営企業１００選」に選出された。選ばれたのは、三四社。誰もが知っている大手上場企業が名を連ねる中、従業員三〇〇人以下の企業も一四社ある。

ダイバーシティ経営とは、「多様な人材を生かし、その能力が最大限発揮できる機会を提供することで、イノベーションを生み出し、価値創造につなげている経営」のこと（経済産業省ＨＰより）。選出の基準は、ダイバーシティ経営によってビジネスの「成果」が上がっていることだ。女性や外国人、文系出身者を積極的に採用することで、具体的には、どんな成果が得られるのだろうか。

■多様な考えを持っている人の意見を取り入れ、チャンスを与える

代表取締役の畑野淳一氏は言う。

「私は、阪神タイガースが大好きなのですが、今年の金本監督は、まさにダイバーシティ。ベテランも、育成選手も、ドラフト一位も、ドラフト外も関係ない。その人の能力と適性を見て、公平にチャンスを与える。我々の仕事も同じで、ベテランだからとか、女性だからとか、この人だからこういう仕事という固定概念を取っ払って公平にチャンスを与えることが大事」

社長一人が考えることなんてたかが知れている。自分の限られた経験や知識の中だけで考え判断することは企業にとってマイナスになる。社員一人一人が持つポテンシャルを生かして成長してもらうことが会社の財産になるのだと淳一氏は語る。だから、すべての社員の声に耳を傾け「傾聴」することに重きを置いているのだという。

多様な考えを持つ人の意見を取り入れ、公平にチャンスを与える。それが中央電機計器製作所の考えるダ

イバーシティである。

外国人を積極的に採用し始めたのは、リーマンショックの前後である。取引先企業が海外に拠点をシフトし始め、国内市場が縮小しつつあるという危機感から、中央電機計器製作所も中国に市場を開拓し始めた。中国への営業展開を進める中で、中国人の社員を積極的に雇い入れたのだ。技術交流や営業活動をしていく中で、中国人の社員がいることで現地の企業とのパイプが太くなったと淳一氏は実感している。

現在は、中国よりもタイを中心とした東南アジアに市場があると考え、タイに拠点を定めている。外国人社員がいることのメリットを最も実感するのは、納品後である。海外でのメインはローカル企業ではなく、現地にある日系企業だ。だから、納品前に商談する際は、日本人同士であることが多い。問題は、納品した後のメンテナンスや装置の使用方法の指導など「現場同士」のやり取りである。言葉が通じないと、ちょっとしたニュアンスが伝わらない。そのため最近では、社内で中国人社員が講師となって「中国語教室」を行っている。現地のローカルなオペレーターと密な話をするためには、片言でもその国の言葉を話すことができると強いからである。

■女性や文系出身者の視点が、目から鱗の発想を生む

女性社員が増えたことの成果の一つは、残業を減らそうという意識が高まったことだという。「製造業の中でも、我々のものづくりは一品一様で量産品ではない。毎回毎回手離れが悪く、チャレ

ンジング。いいものを作るためにはどうしても長時間勤務になりがちで、残業や休日出勤が常態化していました」

これはいかん！と残業の許可制を取り入れ、毎週水曜日をノー残業デイに定めて「終礼」を取り入れた。自分の仕事が終わってもなんとなく帰りにくいという雰囲気があったのが、終礼をやることで、水曜日以外にも早く帰ろうという意識が高まったという。時間と心に余裕が生まれ、社員のほうから勉強に対する意識が沸き上がってきた。残業時間が減っても、売上は上がっている。その上、仕事の内容がより付加価値の高いものに変わってきている。

また、中央電機計器製作所では、文系のエンジニアも増えている。文系の社員は、もともとものづくりに興味はあるが、一般事務や営業事務、営業職をイメージして入社している。しかし、入社後、様々な仕事にかかわる中で、自分もチャレンジしたいという意欲が芽生えてくる人もいるという。そういう社員に対して、新たなキャリアパスを用意すれば、もしかしたらエンジニアを目指して勉強してきた理系社員よりもすごい仕事ができるかもしれない。そう思い、文系・理系の線引きよりも、やる気を重視した配属を行っている。

女性や文系社員から出てくるアイデアには、ベテランの男性技術者では絶対に思い浮かばないヒントが隠れているという。

「B to Cだけでなく、我々のようなB to Bの企業にとっても、女性視点は大切。何かの突破口になりえると思っている。ゆくゆくは、いろんな社員のアイデアを形にすることで、中央電機計器製作所が大手企業に勝てるような製品が生み出されるかもしれない」

淳一氏はそのためにも、社員が思ったことを口に出しやすい雰囲気を作り、意見具申ができやすい経営者であることを心掛けている。

■「ありがとう」と言われる仕事が、自分も周りも幸せにする

淳一氏は、大学の工学部電子工学科を卒業した後、大阪の中小企業に就職。三年間、設計の仕事に取り組んだ。

エンジニアとして入社した新入社員時代は、とにかく必死だった。どうにかして認められたいと目の前の仕事に食らいついた。入社後与えられたのは、ある立派なエンジニアが作った仕事を引き継ぐ立場だった。あまりにも前任者が優秀だったので、周りからは「こいつに何ができるんや」という冷たい扱いを受けていたそうだ。

そんなある日トラブルが起きた。急いで現場に駆け付けると「ほんまにお前で解決できるんか」と得意先の現場リーダーに厳しい言葉を浴びせられたという。数日後、何とか問題が解決したとき、「よくやったな、ありがとう」と言ってもらえた。その日、札幌の駅前で雪の中飲んだビールが今も忘れられない。

ありがとうと言われる仕事ができているか、独りよがりになっていないか。それが今も、淳一氏の仕事の価値基準になっている。

その後、父が社長を務める中央電機製作所に入社した。きっかけは、父の右腕である優秀な開発部

長が退職すると父から聞いたことだった。「彼の下で働きたいなら、今戻ってくるしかない」と口説かれ、前職場を去る決意をした。開発部長の下で、花形の開発部で働けると思って入社したものの、配属されたのは製造部門。二年ほどは、ひたすらはんだ付けや配線などの現場作業に向き合った。「俺は、中央電機計器製作所よりも大きな会社で、エンジニアとして働いていた」というプライドがあった。なんでこんな現場作業ばっかりやらされなあかんねん、と感じたが、いざやってみるとそれが難しかった。当時の社員からは馬鹿にされ、「こんなこともできないのか」と笑われた。「今に見とれよ」という気持ちもあったと淳一氏は当時を振り返る。

■昼も夜もなく夢中で開発に取り組んだ日々

製造部門に入って二年後、LabVIEW（ラボビュー）に出会った。LabVIEW（ラボビュー）とは、ナショナルインスツルメンツ（ＮＩ）というアメリカ本社の計測器メーカーが開発したプログラミング言語だ。当時社長だった吉雄氏が、ラスベガスで毎年開催されていたコムデックスという展示会で見つけ「これは使える！将来はうちの柱になるかもしれない。誰かやってみないか」と声をかけたところ淳一氏の上司が手を上げたのだ。英語しかないマニュアルを前に辞書と首っ引きで取り組む上司の姿を後ろで見ながら、いつか自分もやってみたい、設計ぐらいは自分にもできると思っていたら「お前もやってみるか」とチャンスが巡ってきた。その後、ＮＩがLabVIEW開発者の認定制度を作り日本でも認定試験をやることになった。「この資格を取ったら、社内でLabVIEWを使う仕事は私がパイオニアになれる」と必死で勉強し、日本で四番目の認定開発者資格を取ることができた。当時の淳一氏は製造部門に所属し、LabVIEWはものづくりの傍ら取り組んでいたが、「今後LabVIEWを使った仕事はどんどん増えていくポテンシャルがある。LabVIEWの部隊を独立して作り、専念できる環境を作ってください」と父に訴えた。そんなことを言うならお前が責任者になれと言われ、LabVIEW専属チームを立ち上げ活動を始めることになった。そこから十数年。LabVIEWを使った仕事はどんどん増え、今や売り上げの半分以上を占める。

LabVIEWのプロ集団は日本には五〇社ほどあるが、二〇一五年、中央電機計器製作所が五〇社中ナンバーワンの評価を受けた。アジア太平洋地域では二〇〇社中ファイナリスト四社に選ばれ、アメリカでの表彰式に立った。

吉雄氏が先見の明で見つけたものが淳一氏の努力で、自社の一番の強みになったのである。

LabVIEWの新規開拓に取り組むのは面白かった。チームの誰もが夢中でチャレンジしていた。昼も夜もなく働くことが当たり前になっていた。

■仕事があるから人を取るのではなく、人がいるから仕事が生まれる

どんな業種であっても、ここに葛藤があるのではないか。つまり、「時間を惜しんで昼でも夜でも仕事をしたい」という思いと、「定時に仕事を終わらせる」ということの矛盾だ。

それに関して、会長である吉雄氏の答えに驚いた。吉雄氏は平然とこう言ったのだ。

「余剰人員を入れて、一人の仕事量を減らせばいい」

一人の作業効率を良くするのはもちろんだが、余剰人員を入れて作業時間を減らすことが必要だと。

実際、中央電機計器製作所は、一人採用したら十分間に合うときでも、三人、四人と採用することで今の体制が出来上がったのだという。

今、余裕をもって人を採用できる企業など、全国的に見ても少ないだろう。

企業の業績を上げようとするなら人員を削減せよというのが世のセオリーである。とくにリーマンショック後、業績不振にあえぐ企業は、人員削減、リストラ、人材適正化に踏み出した。

中央電機計器製作所がやっていることは、世の中にある暗黙のルールの真逆である。

「余剰人員というと言葉が悪いが、入ってもらえばやることは必ずある。そのうちに彼らも能力が向上し、仕事量が自然と増えて会社が回るようになる」と吉雄氏は言う。

「その考えを私も引き継いでいる。この人は！と思う人がいれば入ってもらって、その人の分の仕事は私が中心となって作ればいい」と淳一氏も言うではないか。

四〇年ほど前、吉雄氏が社長になってすぐのころ、全社員が五人という状態で五人を採用したことがある。それまで採用に苦労していたが、たまたまその年に限って応募者が多く、一人に絞り切れなかった。当時は先代がまだ健在で「迷っている」と相談すると、「みんな優秀なら全部入れたらええ。お前の給料ゼロにしてでも入れてやれ」と言われた。

不安はあったが頑張るしかない。そのことを得意先に言うと「そんなん仕事ないやろ？　二人ほど俺が仕込んだるわ」と、大卒の二人をタダで研修してくれた。一人は一カ月。もう一人は三カ月。三カ月もいると人間関係ができているので、その社員が戻ってくると、「彼なら仕事を任せられる」と得意先が仕事を出してくれた。仕事がついて帰ってきたのだ。その五人は社長の右腕・左腕となり、その後会社の成長を柱となって支えてくれた。

中央電機計器製作所は、四〇年前から一貫して「人」が原点。人を育てる会社である。

仕事があるから人を雇うのではなく、人がいるから仕事を作る。そんな発想をする企業が他にあるだろうか。

会社説明会では、会社の説明は一五％ほどしかしない。人間としてどうあるべきか、それをずっと話すという。女性にはニコニコしていればボーイフレンドができるよ、笑顔になれば仕事も人生も変わり始めるよ。会社説明会には必ず会社のトップが出向く。かつては現会長の吉雄氏、今は淳一氏が自ら行く。その結果が採用倍率三〇倍なのだ。

吉雄氏は「仕事は人と人との関係である」という。一期一会の精神で、どんな場合でもその人と出会ったことを大切にする。中央電機計器製作所の取引先は、一回きりということがまずない。特殊なものを作っているので連続しての取引は少ないが、何年か空いても必ず声をかけてくれる。だから、企業業績が落ち込まないのだという。

淳一氏は言う。

「私にとってダイバーシティは、多様な人材を意識して採用するというよりも、今いる社員を輝かせること。いろんな考えを持っている人の意見を取り入れ、チャンスを与えることです」

会社が人を育て、人が会社を育てる。社員の人間性を守り、社員一人一人がここに勤めてよかったと思える会社。自分の子や孫が勤めたいと思う会社。そんな理想の企業環境と、業績アップ・最先端のものづくりへのこだわりの両立は可能なのだ。大阪のものづくり中小企業から、我が国の「新しい働き方」のスタンダードがはじまっている。

食べることは生きること

高級「生」食パン専門店　乃が美

〝縁〟を紡いだ先にあった
生食パン発祥の店「乃が美」の誕生

代表取締役社長　阪上雄司

乃が美　総本店

〒543-0037　大阪府大阪市天王寺区上之宮町2-2

ＴＥＬ：06-6773-6488

ＵＲＬ：http://nogaminopan.com/

設　　立：2013（平成25）年10月

事業内容：高級生食パン製造・販売

■波瀾万丈の人生に父あり

二〇一七年の年の瀬。一本八〇〇円を超える食パンが「Yahoo! 検索大賞2017 食品部門賞」を授賞した。それが、高級生食パン専門店「乃が美」である。

代表取締役・阪上雄司氏の実家は米屋だった。「生活の中にパンはなかった」という環境で育った人物が食パンで全国を席捲しているのだから、人生とは不思議なものである。

元々は、祖父が西宮で米屋を営んでいた。父親が長男で、阪上氏自身も長男。祖父の跡を継いだ父に続いて家業を継ぐつもりだったのかは定かではないが、平凡に時は流れていくはずだった。

ところがあるとき、ギャンブル好き、遊び好きの父親が多額の借金をし、米屋の運営を弟に任せて出て行ってしまったのである。帰宅すると、冷蔵庫からタンスの引き出しに至るまで、すべての家財道具に紙が貼られている。裁判所の差し押さえが行われたのだ。その中で泣き崩れている母親の姿に、当時小学六年生の阪上氏は何が起こったのか理解できなかった。そんな父でも、家族は見捨てることができなかったという。父親を借金取りから逃がしながら、母と弟と三人でなんとか暮らしていった。

阪上氏は、高校時代は野球に明け暮れ、野球推薦で就職先も決まった。しかし、いよいよ卒業となった前日に担任の先生に呼び出される。学費が支払われていないから、卒業できないというのだ。急遽、父親に連絡を取って学費を入れてもらい、無事卒業することができた。すると今度は、就職が決まっていた会社が不景気のために新卒採用をできなくなり、内定が取り消されてしまう。慌てて就職活動を開始し、入社したのがスーパーの「ダイエー」だったのである。

当時は日本一のスーパーとして発展しており、阪上氏も人生を捧げて六年勤め上げた。五年目には、担当していた惣菜部門が、全国三〇〇店舗の中で二年連続一位となり、当時の社長・中内功氏から直々に、社員五〇〇〇人の前で表彰されることになる。歴代最年少で表彰を受けた阪上氏。ちょうどダイエーが野球球団を保有した年で、その式典は第一期入団選手のお披露目の場でもあり、選手達と同じ表彰台に上ることになった。阪上氏は当時を振り返り、六〇歳を超えていた中内氏にスポットが当たった瞬間、オーラを見たと興奮気味に語る。

「ものすごいオーラに圧倒されたんです。それと同時に、自分がこの人の年齢になった時、何をしているだろうとふと考えました」

大卒採用しかしていなかったダイエーに高卒の自分が入社し、キャリアを積んだ人しか表彰されない中、最年少で表彰された。このとき、表彰されたことに感動した阪上氏だったが、一方で「表彰する側の男にならなあかんのとちゃうか」と思ったという。それが、経営者としての第一歩となった。その一週間後になんと辞表を提出。自分で経営者になりたいという思いを伝え、ダイエーを退社したのだ。

父親の自己破産の影響もあってローンも通らず、資金を貯めるために二年間はトラック運転手として働いた。そうして貯めたお金で、ついに大阪市の九条商店街の中に一軒の居酒屋「養老乃瀧」を開業。今から思えばこの物件は人が潰した店、それも相場より高い金額で買ってしまっていたのだが、そこは阪上氏の手腕である。二六歳で開業し、三〇歳までには商売も上向きとなっていった。

スムーズに進み出したと思えた頃、またここで次の試練が訪れる。六〇歳を過ぎた父親が、息子が上手くやっているのだから自分もと色気を出し、またあらぬ商売に手を出して二回目の借金を作ったのである。しかもこの時は、ブラックリストに載っている父親にお金を貸してくれる金融機関はなく、危ない世界から借りた高利の金である。

「恥ずかしい話ですが、そこでまた親父を逃がし、六年かけて完済するまで総額一億は僕が返しましたね」

さらりと話す阪上氏だが、相当な苦労があったであろうことは容易に想像できた。子ども時代、毎日のようにドアを叩く借金取りに怯える日々を送っていた阪上氏が、三〇歳そこそこで借金取りのもとへ自ら出向き、保証人になって返済しようというのだから、その強心臓ぶりに驚く。さらに、高い金利を交渉して下げてもらい返済していったというのだから、ただ者ではないことがうかがえる。「おかげで今では怖いものは何もない」と笑う阪上氏。心の強さは、いくつもの苦労の積み重ねで厚みを増していったのかもしれない。

そこまでして父親を守りたかった理由はどこにあるのだろうか。

最初は恨んだ。しかし、母がかわいそうで、父を見捨てずに暮らしを支えた。そして、何かあると相談をするなど、どこかで頼る部分もあったのだという。

年配になった父親と神戸三宮を歩いていたときのこと。行く先々で、父親の名前を呼んでは親しく話をする飲食店の店主たち。息子だと紹介された阪上氏に、彼らは口を揃えて言った。

「お父さん、昔はすごい人やってんぞ」

口々に語られるそれらのエピソードは父が二〇代後半の頃の話で、昭和のスターのような粋な男気に改めて惹かれ、尊敬する気持ちがさらに強まっていった。いろいろな意味で阪上氏の人生に大きな影響を与えた人物。それは間違いなく父親である。

■ターニングポイントは大阪プロレスとの出会い

その後、居酒屋「養老乃瀧」のチェーン展開をはじめ、米屋だったルーツを辿り、たくさんの人に美味しいお米を食べてもらえる飲食店展開をしていく。自身が子ども時代に食べることに困ったので、特に子どもたちにはお腹いっぱい食べて欲しいと、バイキング形式の焼肉店「喰い喰い」を全国展開。また、飲食店の他に、普及し始めたばかりの携帯電話ショップにも進出するといった破竹の勢いで成長していった。

阪上氏は、上場して会社の名前を世に知らしめたいという目標を持っていた。そんな中、二〇〇七年に当時の「大阪プロレス」代表スペル・デルフィン氏に出会う。この頃大阪プロレスは、常設会場のあったフェスティバルゲートの経営破綻により窮地に陥っており、スポンサーを探しているところだった。大阪プロレスという抜群の知名度を持つことで会社の知名度も上がる、また、相乗効果で大阪のエンターテインメントの発展に寄与できればと考え、大阪プロレスのスポンサー企業として会長に就任した。

しかし、エンターテインメント業界の波も激しいものがあり、一一年間は、経営的にも厳しい時代が続いた。常設会場を持つことでかさむ経費。なんとか風穴を開けたいともがきながら、やっとのことで、約五年前に刷新。固定会場を持たない巡業方式にし、所属選手も持たないという斬新なスタイルで立て直しを図った。結果、経営面でも上向きになってきたのだ。

何年も赤字が続き、手を引こうとは思わなかったのか。

「いろいろなタイプの経営者がいると思いますが、僕はエンターテインメントが好きやし、金儲けさえできればいいというのではなくて、やっぱり、記憶に残る生き方をしたいと思ったんです」

阪上氏は父親とは全く違った人生を歩んでいる。し

かしその根底には、共通した性質、男気のようなものを感じる。

「大阪プロレスに出会って人生が変わりました。大阪プロレスの会長だということで、ラジオをやらせていただいたり、テレビに呼んでいただいたり、人との出会いも一〇倍になったんです。大阪プロレスのおかげで思う方向に進むことができたので、辞めたいと思ったことは一度もありません」

まさに、大阪プロレスとの出会いが、阪上氏の人生のターニングポイントになったのである。

■高級生食パン専門店「乃が美」誕生

大阪プロレスの事業の一環として、老人ホームへの慰問活動も行っていた阪上氏。訪れた老人ホームで聞いたお年寄りの言葉が「乃が美」誕生のきっかけとなる。

「食べることが楽しみ。でも朝食のパンは耳が硬くて食べにくい」

何とかできないかと思い立った。自身の子どもが卵アレルギーで、卵不使用のパサパサのパンを食べていたということもあり、子どもからお年寄りまで喜んでもらえる「耳まで柔らかいおいしいパン」をつくろう、その想いをすぐに行動に移し、知り合いのパン職人へ声をかけた。この人物とも、大阪プロレスが結んだ縁でつながっていた。

二〇一三年、阪上氏はついに高級生食パン専門店「乃が美」をオープンさせた。

しかし、なぜ、パン屋ではなく「食パン専門店」だったのか。

阪上氏は、飲食店経営を二〇年以上経験し「老舗はどこもコレ！という一品がある」と確信。餃子しかり、豚まんしかり、赤福しかり。「単品で勝負したい」とずっと考えていた。そんな時に慰問先で聞いた言葉、そしてパン職人の方との出会いもあり、点が線となってつながったのだ。先祖の墓にも手を合わせに行った。米屋は継げなかったけれど、食パンで全国制覇するという意思を伝えたという。全国展開できるという自信があった。

「なぜなら食パンは、ラーメンなどのように味に地域性があるわけではなく、日本全国の赤ちゃんからお年寄りまで、食パンといえばひとつで、それをさらに極めた逸品なら勝負できると思ったんです」

　高級な食材を集め、究極の食パンを目指して試行錯誤を繰り返した。現在のレシピが完成するまでには実に二年が費やされた。食材だけではなく、組み合わせやその配合にも絶妙のバランスを求めて出来上がったのが、「耳まで柔らかい」腰折れ寸前の高級生食パンなのだ。徹底的に風味にこだわり、あえてバターではなくマーガリン、それも最高級のマーガリンを使用しているのもそのためだ。蜂蜜の自然な甘味でそのまま食べることができ、卵不使用のため、卵アレルギーの子どもでも食べられる。しかも食材はすべて最高級。もうこれ以上のものはつく

れないと自負する。

最初から売れたわけではなく、苦労もあった。オープン初日に売れたのはわずか三〇本。試食ばかりで終わった日も数え切れない。「高級生食パン専門店」という看板を見て笑われたことも記憶に鮮明に残っている。「八〇〇円もする食パンを誰が買うのか」と親戚にも笑われたという。しかし、まだ設立して五年、阪上氏は諦めなかった。

「乃が美」の生食パンは、一斤四〇〇円、二斤八〇〇円と決して安いものではない。しかし、一度食べたらリピーターになる人は多く、老人ホームのおばあちゃんが「こんなに美味しいものを生きているうちに食べられて嬉しい」と涙を流したという。そんな言葉を聞いた阪上氏は、これぞまさに自分の目指していたところだと頷いた。

次第に行列ができる店と口コミが広がり、評判を呼んだ。次々とメディアでも紹介されるようになり、二〇一六年には「パン・オブ・ザ・イヤー　食パン部門金賞」、二〇一七年には冒頭の「Ｙａｈｏｏ！　検索大賞２０１７　食品部門賞」を授賞し

た。

二〇一六年には、尊敬してやまない父親が亡くなった。生前には「乃が美」の食パンをとても気に入り、それ以外のパンは口にしないほどだった。「米屋の息子がパン屋をやって」というどこか後ろめたさを抱えていた阪上氏だったが、ついに昔米屋を営んでいた西宮の地に「乃が美」をオープンさせた時には、車いす生活になっていた父親を連れて行き、「親父が精米していた場所で、パンをつくっているよ」と一緒に写真を撮ったのだそう。阪上氏の中で、人生のひと区切りが付いた瞬間だった。

阪上氏のねらい通り、「乃が美」の高級生食パンは全都道府県への出店を達成。東京進出を最後にしたのは、「最後に東京で花火を打ち上げると決めていた」とのこと。大阪発の高級生食パンは、現在では日本国内にとどまらず、海外へもその人気を広げている。

■「乃が美」を通した縁が未来を形づくる

縁を大事にすることをポリシーとする阪上氏は、「乃が美」の食パンを食べていただく方との縁はもちろん、共に仕事をする仲間をとても大事にしている。

「実は、『養老乃瀧』を一緒にはじめたメンバーに弟の同級生がいました。しかし、リーマンショックで業績が低迷していき、いったんバラバラになったんです。それが、『乃が美』を立ち上げたときに戻ってきてもらい、今また一緒に店舗運営などをやっています」

「乃が美」を作ったことによって、以前ご縁のあった業者と再びつながったり、その縁が次々と新しい縁をつないだりと、不思議と縁が広がっているのだという。大阪プロレスで多くの人脈を作った阪上氏だったが、今では「乃が美」を通した人脈の方が数倍になっているそうだ。

「数々の受賞で一〇〇人以上というマスコミを前に表彰されることなどそうあるものでもないし、昔テレビで見ていたようなシーンの中に自分がいるなんて、二六歳で一念発起した時には、想像もしていなかったことです。そんなことをさせてもらったのも『乃が美』のおかげだと思っています」

上昇気流に乗る中で迎える五〇歳。若い頃、六〇歳の社長のオーラを見て想像をめぐらせた未来の自分はもうすぐそこ。東京で、世界で、これから出会う人たちとの新たな縁に期待が高まる。

二〇一八年には全店で一〇〇億円の売上達成を目標としている。海外進出も視野に入れた「乃が美」は、まさに高級生食パンの老舗へと、その輝きと揺るぎない地位を確立しているのではないだろうか。

「『乃が美』には縁とチャンスをもらったので、ここに携わった人たち全員を幸せにしたいと思っています。まずはスタッフからと、福利厚生をすべて見直しています。今後出会う人たちのためにも、自分たちが幸せオーラを醸し出せるように…」

世界への扉を開く

株式会社グローバルゲート

インターンシップサポートで世界中に親日を育むのが使命

代表取締役

岡本　真太郎

株式会社グローバルゲート

〒550-0014　大阪市西区北堀江1-7-4　四ツ橋永ハビル8F

ＴＥＬ：06-6531-1555

ＦＡＸ：06-6531-9955

ＵＲＬ：http://globalgate-web.jp

E-mail：info@globalgate-web.jp

設　　立：2002（平成14）年7月

資 本 金：1,000万円

事業内容：留学サポート、海外学生インターンシップサポート

■根っからの商売人

「バリ島留学」という新しい分野から、さらなる海外交流としてインターンシップサポート事業を開始したのが、株式会社グローバルゲートだ。それまで別会社の株式会社イコールが行っていた留学事業を発展させ、海外の大学と日本の企業とをつなぐインターンシップサポート事業を本格化させることとなり、二〇一八年一月に社名を変更し新たな事業として再スタートを切った。この事業を率いるのが、代表取締役の岡本真太郎氏である。

株式会社イコールは、岡本氏の父が「東京発信のファッションを」と昭和五九年に創業したアパレルメーカーで、二〇一八年で三四期を迎える。その親会社は、文久二年創業の老舗会社である。

岡本氏自身は大学卒業後、別のアパレル会社に就職したのだが、わずか三年で退職してしまった。「人の言うことが聞けなくて、全然あかんかった。とにかくサラリーマンがいやでいやで（笑）」

サラリーマンに馴染めなかったのは、子どもの頃の環境が一因かもしれない。商売人の家系に生まれた岡本氏は、学校の成績が良くても褒められることはなく、「この子はええ商売人になるで」が褒め言葉。親戚もみな商売人で、よく家に集まって食事をしたり酒を飲んだりしながら商売の会話が繰り広げられる、そんな環境で育った。

勤めた先では目標になる人が見つからず、「うちの親父の方がかっこええわ」「親戚のおっちゃんの方がすごいな」と感じていた。

阪神淡路大震災から三年目くらいの頃、世の中の景気は悪く、家業も銀行の貸し渋り、貸し剥がしにあい、大変な時だった。「家業には戻ったらあかん」と親戚一同から言われていた。とはいえ、社会人として三年勤めただけで、資格もないし実績もない。ほかに選択肢がなかった。実力を試してみたいという気持ちと、父親を助けられるのは自分しかいないという思いが日に日に膨らみ、イコールへの入社を決めた。

すると、サラリーマンの時には二〇万円あった手取りが十二万円に減った。二七歳の頃である。手取り十二万では、休みの日に遊びに行くお金どころか、学生時代の友達に会ってもお茶代もない。その上、給料日になっても「ちょっと待っとけ」といきなりの遅配。

「サラリーマンの時と同じくらいの給料という約束だったので、すぐ父に文句を言いました。そしたら『いつまでサラリーマン気分で甘えとんねん』と言われて、崖から突き落とされたライオンの子の心境でしたね。これはえらいとこに来てもうた。自分でなんとかして稼がなと」

■入社後は家業の立て直しに奔走

また、入社と同時に会社が抱えていた金融機関からの借入すべての連帯保証人となっていた。その額は五億を超えた。「悔しい。今に見ていろ、絶対に見返したる！」その思いだけで、営業に奔走した。

当時のイコールでは、社員たちに全くやる気が感じられなかったという。平社員で入社したが「俺も死に物狂いでやるから、ついてきて」と、朝一番に出社して夜中まで仕事に精を出した。最初はアウェーな感じだったが、本気でやっている姿勢が徐々に周りに通じるように。会社を去る人もいる中で、「ぼんくら息子についていってみよか」というメンバーが残ってくれた。少しずつ成果が上がってきて、社員も仕入先もついてきてくれるようになった。

「今でこそ、リーダーシップとか、どうしたら社員がついてきてくれるかとか考えていますけど、当時はそんな余裕もなく、ただ必死でした。とにかく売ることだけを考えていた」

そんな時に、取引銀行が「親会社の業績が悪いから手を引く」と言ってきた。それはつまり、子会社であるイコールも援助できないということ。業績も上がり、負債完済の目途もついてきた矢先の出来事だった。

銀行からの提案は、親会社の所有する自社株の購入資金を用立てるという、いわば親会社の債務付け替え要請だった。ほかに選択の余地はなく、銀行から新たな借金をし、代表取締役を父から引き継いだ。その後もまた悔しさをバネにがむしゃらに働いた。そして入社七年で債務を完済、「どや、本

気になったらできるやろ」そんな気分だった。

■借金完済で目標を失って

ところが、借金を完済したことで目標を失い、腑抜けになってしまった。そして、もしまた借金を作ってしまったら…と、そんな恐怖に襲われた。

「資金繰りを気にするあまり支出を抑えようとばかりして、社員たちの働くモチベーションがどんどん下がってしまったんです。次の目標が見つからない、何をしていいかわからない状態でした」

一般的に起業家は、なにかやりたいことや志があって会社を立ち上げるが、岡本氏の場合は後継経営者ということもあり、怒りだけで、志がなかったのだという。そんな時ある人に出会い、悩みを打ち明けた。すると次のような問答があった。

「なんのために商売をしている？」「お金のためです」「そのお金は誰からもらっている？」「お客さんからもらっています」「売れる商品というのは、お客様の要望（モノ、プライス、タイミング、ロットなど）に適って売れている。日々お客様の悩みを聞いて、要望に応えなあかん。悩みはどんどん変わる。お客様のところに行ってちゃんとそれを聞けているか？」「いや、最近は足を運んでいないです。今は社内統制もせなあかんし…」「お前のとこみたいな小さい会社、統制なんかしなくていいから、お客様のところに行って、お客様の支援をしなさい」

言われてハッと気がついた。これ以降はお金のためではなく、お客様のために必死で働いた。その結果、自然と売上が伸びていった。

■海外とのご縁がつながり

それから一〇年以上が経つ。モノを作って売る事業だが、結局すべて、何かしら人に助けられているということに気がついた。デザイン力も生産力も営業力も、すべては人が生み出す力である。アパレルの商売は、海外、特に中国とのお付き合いが多い。再建に向け奔走していた時期に一番助けてくれたのが、仕入先の関係者である二人の中国人女性だった。

国内生産のみだった当時、中国生産へシフトをと考えていたが、中国生産はロットが多く、貿易をするには現金先払いが原則だ。大量生産は無理、先払いも資金がなくて無理。でもお客さんはいるから絶対に売れる。今だったら恥ずかしくて到底頼めないような無茶な条件を、なんとかのんでもらえないかと毎日毎日頼み続けた。熱意が通じたのだろう、彼女たちは先払い金を立て替えてくれた上に、小ロットの生産にも数年にわたり協力してくれたのだ。

たくさんの人に支えられてここまでやってくることができた。そこにはたくさんのご縁があった。今度は人様が海外に出て挑戦するお手伝いをしたいと考え、新しい事業を興した。それが、バリ島留学のグローバルゲートである。「世界への扉」という意味を込めて「グローバルゲート」と名付けた。

モノを作ったり売ったりするのではなく、「日本人が海外へ飛び出すためのお手伝いをする事業を」とスタート。インドネシアの中でも「神々の島」として知られるバリ島にフォーカスし、英語を学びたい日本人を送り出している。一〇代後半から六〇代まで幅広い層が利用し、社会人として働いたのちの自分探しに出たい二〇代後半から三〇代の独身女性も多い。これまで約四〇〇人がグローバルゲートから留学したが、卒業生の九割が「満足した」と答えている。

バリ島は、インフラ整備はまだまだ不十分であるが、物価が安く、治安も悪くない。時間がゆっくりと流れていて、人とのふれあいを大切にするのどかな暮らしがそこにはあり、日本人としてどこか懐かしさを感じる場所である。

■人とのつながりから芽生えた志

軌道に乗り出したころに、この留学事業のご縁でつながった事業パートナーから声がかかった。インドネシアの学生たちを日本で働けるようなつながりをつくりたいという相談だった。インドネシアの人々は親日で、日本で働きたいという声が多数あると。考えたこともない分野であったが、パートナーに頼ってもらえたことが嬉しかった。

他国の人から、日本や日本人に対して好感を持ってもらえているというのは、尊敬すべき先人たちの行いあってのもの。その恩恵で商売をさせてもらっているのだと気付いた岡本氏。昔に比べてグローバルになった今、世界中に親日の人たちをたくさん育んでいくことが先人たちへの恩返しだとの考えに至った。

実際に来日した学生たちの「日本に憧れて来日したけれど誰も頼れる人がおらず怖くて仕方なかった」「生活が苦しくてアルバイトをするが、学業との両立が体力的にも精神的にも大変だった」等の話をよく耳にする。そんな彼ら、日本に憧れを抱いてくれている若い人たちのために、自分にできることが必ずあるはず。強い志が芽生えた瞬間であった。

日本では少子化が進行し、様々な業界で人手不足が深刻化している。特にホテル・旅館業界の人材不足は深刻で、インバウンドで外国人観光客が増えているのに、英語を話せる日本人が少ないため、国内のホテルで活躍しているのは英語も中国語も話せる台湾人や中国人が多いのが実情だ。海外から労働力を提供してもらうことで、人手不足を補うことができる。インドネシアは人口が二億五千万人で、世界で四番目に多い。そして若い層が多く、日本に憧れを抱いてくれている。そこで、日本企業にインターン生を受け入れてもらい、就業体験を通して日本語スキルの上達と、おもてなしなどの日本文化の理解を深めてもらうという方法が浮かんだ。

「今まで人材とかインターンシップとか経験は全くないのですが、これまでアジア各国いろいろな企業と商売をやってきた経験が役に立つかもと、そう考えました。そして何よりも外国に親日をもっと育むんだ！と熱くなった」

まずは、留学事業でつながりの深いバリ島で観光学を学ぶ学生と、日本のホテルや旅館など観光関連企業をつなぐお手伝いからスタートする。インターンシップの大前提として、関連学科で学んでいる学生でないと受け入れられない。世界有数のリゾート地であるバリ島は観光産業で成り立っているため、観光学科を持つ学校が多い。ホテル・旅館がインターン生を受け入れたい場合、バリ島は最適なのだ。

研修期間は最長一年までと決まっており、大学と企業が協定を結び、授業の一環として来日する。外国人雇用は企業にとってリスキーと捉えられがちだが、インターン生たちは単位を取るために一生懸命がんばる。そもそも観光や旅行業を専攻している学生なので、日常会話レベルの英語は話せるし、来日前に日本語や日本文化の学習を現地で行っているので安心感がある。

受け入れ企業にとっての利点は、正規雇用となると難しいが、まずはインターンシップでということであれば受け入れやすいということ。期間を指定して、繁忙期に受け入れることもできる。日本で学んで帰って卒業後、改めて雇用するということもできる。良い人材が見つかれば会社の即戦力となり、今後のインターンシップの窓口や相談相手にもなれる。

　そして、学生にとっての利点は、憧れの日本に来ることができ、生きた日本語や日本文化が学べること。特に旅館では、お出迎えから配膳、布団敷、清掃、お見送りまですべてを学び、日本のおもてなしの文化に触れることができる。双方にとって、メリットの多い制度なのである。

■根っからの商売人の新たな挑戦

　インターンシップサポートの初めての営業は「新鮮で面白かった」と振り返る岡本氏。これまでイコールで売っていた形のある商品とは違い、グローバルゲートが売るのは形のない空気のような商品。業界の知識もなく、会社の名前もやっと決まったところでパンフレットやＨＰもできていない。当然、何の実績もなく、全く一からの営業であった。

「まず人材派遣会社を中心に電話をかけまくり、なんとかアポイントの取れた二〇社を一気に回りました。実績も資料もない状態だったから、ボコボコに打ちのめされる覚悟で臨みました」

外国人学生のインターンシップの取り組みについて、「インドネシアのやる気のある学生を連れてくることができます」「日本の未来を支えてくれる若者たちです」「人材に関してはど素人なので教えてください」と、なりふり構わず説明して回った。すると、人材のプロたちは興味津々で岡本氏の話を聞いてくれた。

とんとんと話は進み、インターンシップを受け入れたいという企業からの問い合わせが相次いでいる。しかし、安い労働力目当てだと思われる企業は断るようにしている。「同じ想いで取り組んでくれる企業を探すこと」が自分たちの責任であると考え、双方に喜んでもらえる丁寧な仕事を心がけているのだ。

将来的には、イコールでお世話になっている中国をはじめとするアジア各国からインターンシップをつなぐ会社を目指したいと目を輝かせる。

あの入社早々に五億円もの借金を背負い、傾きかけた家業・イコールを立て直した時と同じく、「一〇〇%の力を注ぐ」と力を込める。そこには、まぎれもない、根っからの商売人・岡本真太郎氏がいた。自分の中で「それでええんか」という思いが常にあり、商売が良い時も悪い時も「今、死んでも納得できるのか」と自問しながら、全力投球の毎日である。

今、その視線の先には、日本から世界へと続く扉「グローバルゲート」が開いている。

日本発の〝おもてなし〟のカルチャーを世界に

ACALL株式会社

シンプル&スマートな来客対応アプリで「新しいはたらき方」を実践する

代表取締役
長沼 斉寿

ACALL株式会社
〒650-0033　兵庫県神戸市中央区江戸町104
T E L ：06-6543-9000
F A X ：06-6543-9008
U R L ：https://www.acall.jp/
E-mail：contact@i.acall.jp
設　　立：2010（平成22）年10月
資 本 金：1,000万円
事業内容：来客対応RPAサービス「ACALL」の開発・販売

■オフィスの来客プロセスを変革

取材のためにACALL株式会社を訪れた時、スタイリッシュな建物の入口でまず出迎えてくれたのは、小さなタブレットだった。それが、同社が開発した、「ACALL（アコール）」である。

ACALLは、革新的な来客対応RPAサービスで、企業の顔となる受付業務を人に代わって行う。RPAとは、定型業務をロボット化させる取り組みを指し、オフィスの作業効率化と生産性向上を実現する。二〇一六年にリリースされ、今や、規模の大小にかかわらず多くの企業で導入されている。

一番の特徴は、iPadにアプリをダウンロードするだけで手軽に始められるということ。しかも基本サービスは無料のフリープランで試すことができる。もともとは自社のために開発したシステムで、わずか一〇日ほどで作ったという。自社用の仕様なので機能は最小限、一般の人が見てわかりやすい画面はなく、セキュリティも拡張性もないシンプルなものだった。運用を開始してすぐ、来訪者からの反応は「これいいですね！」「売らないんですか？」と好感触で、それが出発点となった。

しかし、いきなり商品化するのはリスクがあるので、ブログに「こんなシステム作りました」と書いてみて反応を見ようと、どんなサービスなのか、何ができるのかをわかりやすく紹介し、写真を添えてアップした。するとまもなく、キーワードでヒットしたのか、大手企業二社から問い合わせがきた。

「社内からは、ちゃんと商品化できていないのにあかんでしょうと反対の声もあったのですが、とりあえずやってみようと。大手さんで需要があるというのは意外でした。さっそく東京に出向いて、実はまだ試作品なのだと説明すると、ぜひ完成品を作ってほしいと言われました」

その企業ではちょうどこういうシステムの導入を検討しており、アメリカにはあったようだが仕様が日本の会社には合わず、国内でないかと探していたのだそう。実際に使用するその企業からニーズや要望を聞きながら具体的に進めることになり、商品化に向けて弾みがついた。

ＡＣＡＬＬという商品名は、代表の長沼氏が起業する前に勤めていた会社で、アポイントを取って訪問することを「コール」と呼んでいたことからネーミングされた。

「エイコールじゃなくて、アコール。その方が響きがかっこいいし、シュッとするでしょ。それにアから始まると一番上にくるしね」

■学生時代から起業を視野に

大学でベンチャーについて学んだ長沼氏は、その頃から起業することに興味をもっていたという。卒業後は東京のＩＴ企業へ入社し、営業とソフト開発の両方を担当。キャリアを積んだのち二〇一〇年に起業した。

「起業するにあたっては、どのタイミングでとか、どんな事業計画でとか、具体的でガチガチなプランは特に考えていませんでした。ただ場所だけはちょっと考えて、東京で起業するのはコスト面から避けて、関西なら知り合いも多いしということで大阪にしました」

天満（天神橋二丁目）に株式会社BALANCE&UNIQUEを設立し、その名の通り、ユニークなサービスづくりを目指した。その後、自身も含め神戸方面から通勤しているスタッフが多いということで、事務所を芦屋に移転。さらに二〇一八年三月には神戸市に移転した。また、四月には東京オフィスを設ける予定で、これは営業チームのための拠点になる。

なぜ神戸だったのか。その答えは明快、神戸の街が好きだから。お客様との契約自体はインターネット上で行うことがほとんどで、その後のサポートについても電話とメールで対応できるので会社の場所はどこであっても支障がない。ならばと、学生時代を過ごし住み慣れた神戸に決めた。

「山と海が見えて、人も多すぎず少なすぎず、バランスがいい街という印象です。おしゃれだしね。大阪に比べて企業の数も少ないから、かえって目立ってやりやすいんですよ。それに、地方に元気な会社があるっていいと思いませんか」

この身軽さが長沼氏の身上だ。また、国内にとどまらず海外を目指しており、まずはシンガポール

に、そして将来的にはシリコンバレーにと目標は明確だ。

起業の資金については、創業融資を受けるなど、地元の銀行や保証協会の協力のもとでここまでやってきた。最初はとにかくプロジェクトをたくさん立てて、そのうちのどれかが当たって急成長したらそこに資本を集中しようと計画していたという。ベンチャーのやり方として、「これ一本でやります」と外部から投資家を募る方法もあるが、これはリスクも大きい。数が多いとそれだけお金も時間もかかるが、これはすぐにお金になる仕事、これは時間がかかる仕事と、それぞれの性格を精査しながらさまざまなサービスを展開した。

■複数のプロジェクトから、ひとつの大きな柱に

設立当初は、建築設計会社や工務店などの企業向けに、インテリア・空間デザインに特化したサイトを作っていた。その後、フェイスブックを活用した集客アプリを作ったり、メンタルヘルスをチェックするサービスを始めたりと、それまでの企業向けセールスのキャリアを生かしながら、オフィス環境に目を向けたさまざまなプロジェクトに挑戦した。

メンタルヘルスのチェックサービスでは、昨今取り沙汰されている「働き方改革」を意識して、企業で働く人が仕事をしながらより健康的に、よりプライベートを充実できればと考えて開発した。しかし、ストレスや健康チェックなどにより現状のモニタリングはできるけれど、それをどう変えていくかという提案は難しい部分も多く、限界を感じていた。

「いろいろやってきて失敗もあったが、限界を感じた中から、一番教訓になったのは、自分たちが本当に欲しいもの、必要とするものを作ればいいのだということ。ＡＣＡＬＬの取り組みもそう。自分たちの実体験があるからこそ作ることができるし、本気度が伝わる」

もちろん、それまでもお客様の望んでいるものからは外さないように作ってきた。しかし、改良を重ねていく上では限界があるのだという。お客様の気がつかない部分までリードして提案しなければならない。リードするには、自分たちが本当に欲しいもの、必要なものを知る、そこが分岐点だと考える。お客様が求めるものを作った上で、自分たちが「これを世の中に問いたい」という強い思いが必要だ。ＡＣＡＬＬを開発してやっと気づいたという。このシステムで「働き方を変えていく」ことも可能になってくるだろう。やりがいがあるだけでなく、社会的にも影響力のあるプロジェクトになってきている。昨年までは、ストレスチェックのサービスなど複数の事業を並行して行ってきたが、二〇一七年一二月、体制を整えてついに一本化し、社名も商品名と同じ「ＡＣＡＬＬ株式会社」と改名した。これにかける意気込みが伺える。

■おもてなしをＩＴに

長沼氏はサラリーマン時代、法人向けの営業をしており、お客様を訪問すると、「いい会社」と「そうでない会社」があることに気づくようになった。規模の大小や業績の良し悪しということではない。いい会社とは、応対が丁寧で、自分のことを覚えていてくれる。それはおそらくその組織全体、チームや個人の働き方に余裕があるのではないかと考えた。初めて接点を持つ場となる受付での対応で、その企業のイメージは大きく左右される。きちんとお客様の方を向くということがとても大切なことで、おもてなしと仕事の効率はリンクしているのだと実感した。

来客時、本来は人がしっかり対応をするべきではあるが、今はどこの企業も人出不足である。余裕がなくバタバタしていたら、接客がおろそかになってしまう。そこをＩＴで補うことができればと考えた。

来客のプロセスは意外と複雑だ。アポイントを取り、お客様が来訪したら入館手続きをして、担当者が出迎えて、会議室にご案内し、商談が始まる。その間に簡単な雑談をしてリラックスムードにしたり、お茶を出したりということもある。そして終わったら、次に向けての宿題が出ている。その対応は千差万別。その中で、人の手を省ける部分を自動化していくと効果的な時間の使い方ができる、というわけだ。

おもてなしとは「相手を知る」ことからはじまる。人間の記憶は曖昧だが、ＩＴでデータ化されることでお客様のことがよりわかるようになる。たとえば、そのお客様の企業の最新トピックはなにか、さらには、コーヒーが飲めるか飲めないかといった些細なことまで記憶させておくことができるのである。ＩＴというと無機質で冷たい印象があるが、そこに「おもてなし」を取り入れて、あたたかみのあるシステムを作りたいと思うようになった。

■リリース後一年で四〇〇社になった契約先

二〇一六年に販売を開始したACALLは、新聞で取り上げられたということもあり、二年後には一気に取引先が増えた。それまでの商品と違って手軽に使えるというのが一番の理由だろう。今でこそ似たような商品はあるが、アプリを利用した来客対応というものはなく、全く新しい商品だった。

「結構ゴツゴツした端末はあったけど、なんかカッコ悪いし、今風じゃないし、専用機械だから何百万もするような高額商品。そうじゃなくてもっとライトで、しかも機能的なものを作りたかった。ネットを活用すればもっと使いやすくできるという確信もあった」

ハードごと作ってしまうと初期費用もかかるし、メンテナンスにも費用がかかる。部品の保守体制も作らなくてはならない。それはそれでビジネスにはなるだろうが、今はそんな時代ではない。既存のデバイスで素晴らしいものがあるので、それを上手に使って、お客様にはダウンロードするだけの

手軽さで使ってもらうことができれば、と考えた。

一番気を使った点は、使いやすさ、わかりやすさだ。職種も年代もさまざまな人が使うことになるから、操作方法がわかりにくいと普及しない。そして、小規模企業向けとして無料のフリープランを設定し、個人事業主や新設会社でも導入しやすい仕組みにしたことも躍進の理由だろう。

無料にしたのは認知度を上げたいという目的もあるが、その会社が今後成長して規模が大きくなったときに、有料プランへの切り替えをスムーズに行えることを見込んだ。いきなりお金を払ってもらうより、まずは試しに使ってもらう。気に入ってもらえれば「もっとこうしてほしい」「もっとこんな機能があれば」というニーズの聞き取りができ、そのニーズにタイムリーに応えることは双方にメリットがある。また導入先が増えると、そこを訪れる企業に向けての宣伝になる。目新しいシステムに「これはなんだ」と話題になるのだ。そうして、導入企業がどんどん増えている。

お客様のニーズに応え、進化を続けるＡＣＡＬＬ。二〇一八年春からは、受付業務だけでなく会議室の管理や会議の議事録、それを文書化してメールで送信など、商談をスムーズに進めるためのサポート的な役割をもつ新たなサービスも展開する。あらゆる部署で役立つＡＣＡＬＬだが、中でも総務部の方に一番喜んでいただけるのだそうだ。

■「OMOTENASHI-エンジン」を海外に

現在、ＡＣＡＬＬ株式会社の社員は一〇人。今後は社員を増やしていきたいと考えている。扱っている商品に対して、同じ熱意を持っている人とチームを組んで取り組みたいから、長く一緒にやっていける人材を求めている。性格はバラバラでもいい。自分の思いを言葉にしてしっかりと説明できる人、自分のことがわかっている人にきてほしい。まさに少数精鋭のプロジェクト・チームである。

今後のビジョンとしては、現在のRPAサービスとAIを連携させ、人に代わってしっかりとしたおもてなしができるものに作り上げていきたいと考えている。

そして二〇一八年、よりスマートな来客対応を可能とする機能を搭載。「OMOTENASHIエンジン」と名付け、特許を出願した。これをさらにレベルアップして、海外に広めていきたい、日本の文化を海外でも活用して微力ながらも貢献したい、と考えている。日本発の「OMOTENASHIエンジン」が、東南アジアやアメリカで使われているという世界にすることがこれからの目標だ。

長沼氏の指揮のもと、常に先へ先へと進み続けるACALL株式会社は、グローバル企業に着実に近づいている。

■ポリシーは「人生一回だけ」

そんな長沼氏は、家族と過ごすことが多い休日でも、常にアンテナを立てている。「たとえば、出張続きでろくなものを食べていなくて健康管理が気になったとする。じゃあ『最近栄養が足りていないのでコレを食べてはいかが』と教えてくれるアプリを作ろうかなという発想になる」

買い物中など、日常生活の中にもヒントを見出し、次々と新しいアイディアが浮かぶそうだ。世界的に高齢化が問題となってきているが、中でも長寿国・日本は早い段階からこの問題に直面している。

「親の介護など、誰しもが必要になってくることなので、実際そうなったときに自分が感じたことを今後、商品として提供することができれば、ビジネスにも社会的にもプラスになると思う。介護のケアとか、見守りとか。病院との連携も視野に入れて、介護サービスも考えている」

長沼氏のポリシーは「人生一回だけ」。悔いのない人生を送ろう、やりたいことをしようという思いが感じられる。同時に「バランス」には気を配っているという。家庭と仕事のバランス、チーム内のバランス。人生のあらゆる場面でバランスは大切だと考える。

今日、テクノロジーの発達に伴い激変する企業環境、労働環境。その中でワークライフバランスを維持する理想的な「新しいはたらき方」をＡＣＡＬＬ自らが実践し、発信し続ける。

金物の無限の可能性に挑む

港製器工業株式会社

開発力・製造力・スピードを強みに世の中の安全・安心を守り続ける

代表取締役社長　岡室　昇志

港製器工業株式会社

〒569-8588　大阪府高槻市唐崎中3-20-7
ＴＥＬ：072-677-6641
ＦＡＸ：072-677-3593
ＵＲＬ：http://www.minatoseiki.co.jp/
E-mail：info@minatoseiki.co.jp
設　　立：1961（昭和36）年3月
資本金：4,500万円
事業内容：金属製品の開発・設計・製造・販売

■日本唯一の技術会社

海上輸送業界には「ラッシング」という専門用語がある。これは海上コンテナ、自動車、材木などを海上輸送するときに、荷崩れ防止のために貨物を船に固縛すること。このラッシング用金物・資材のメーカーとして、そのネットワークと技術力が高い評価を得ている港製器工業株式会社。その二代目として社員を牽引するのが、代表取締役社長の岡室昇志氏である。

港製器工業の事業は大きく七つに分類され、船舶用ラッシング資材事業、仮設建材事業、環境エネルギー事業、物流機器事業、建築・ブレース事業、住設事業、開発設計・製造事業を手がけている。同社が半世紀近くもの長きにわたり培った業界知識やノウハウをもとに、操作性・安全性を追求した製品を設計開発から製造販売まで、ワンストップで行う。

中でも主力であるのが船舶用ラッシング資材事業。その代表的な製品である「フルオートツイストロック」は、なんとこれまで一〇〇隻以上の船舶に延べ一〇〇万個以上の納入実績がある。いくつものコンテナ貨物を、大荒れの海でもしっかりと船に固縛することができる同社製の資材は、これまで一度も荷崩れ事故を起こしたことがないという。

その信頼度の高さは主な顧客先を見ても一目瞭然。「今治造船」、「川崎汽船」、「エバーグリーン（台湾企業）」など、このような有力企業と取引ができているのは、港製器工業が高品質な製品を提供し続けているからに他ならない。また、全体のうち二～三割は海外企業への販売であり、これは国際的にもその技術力が認められ、信頼されている証であろう。

主なメーカーは世界でわずか四社しかなく、国内では現在は港製器工業のみという希有な企業。昔は八社ほどあったようだが、時代の流れに伴い淘汰されていった。そんな中で港製器工業が生き残ることができたのは、常に視野を広く持ち、はっきりとした進路を見据えて進化し続けてきたからだ。

安全性を最優先に、徹底した品質管理と高強度化、軽量化、効率性の向上を目指して研究を怠らない。蓄積してきた経験や知識に裏打ちされた同社の開発力は、他社には真似できない圧倒的な強みである。

「開発力と併せて、自社工場と幅広い協力工場とのネットワークを駆使した製造力も当社の強みです。今後もこの強みを活かし、常に研究心を持ってお客様により良い提案をし続けます」

■国内外で「安心・安全」を守る

また、生産地をアジアに置いたことも飛躍につながった。

世界の造船市場の規模は縮小しつつある。造船所の分布を見ると中国、韓国、日本、台湾に多く、なんと九割以上が東アジアに集中しているのだという。その主戦場はやはり中国で、中国をはじめとする海外の販路開拓が急務であると考えてのことだった。

開発力、技術力に関しては、アイデアマンの存在があるかないかで、社運を分けるといっても過言ではない。港製器工業には、そのアイデアマンがいる。船の荷積みや荷降ろしの際にどういった問題点があるかを常々考え、船主や作業員の視点を持ち、声を聞き、他社がどういった開発をしているかの情報をも収集するのだという。それぞれ独自の情報ソースで集めたデータを元に、競争が行われていくのである。まさに「開発戦争」のようである。

港製器工業では、船舶事業の海外展開のノウハウを生かし、他事業の海外展開も狙っている。幅広い事業展開をしている港製器工業だが、どの事業でも一貫して唱えるテーマは「安心と安全」。それぞれの製品を武器に、海外での新規顧客獲得を目指す。

人はみな、人生の中でさまざまな危険に直面する。自然災害や交通事故、特に工場や建築地など、製造の現場というのは常に危険と隣り合わせである。港製器工業は、国内だけでなく世界からそういった危険をできるだけなくしていきたいと考えている。

■社長就任から続けていること

岡室氏は、前職ではＳＥとしてソフトウェア開

発に携わっていた。しばらくして徐々にＩＴに飽きてきたころに、当時の社長であった父に呼び戻され、港製器工業に入社した。

もともとは祖父が大洋製器工業という会社をつくり、六人の息子たちとともに切り盛りしていた。そして、父である岡室昇之眞氏が大洋製器工業の工場部門を独立させる形で、この港製器工業を立ち上げた。岡室氏は、後に自分が会社を引き継ぐことになるとどこかで悟っていたのかもしれない。

入社後は資材部門や、営業、品質管理など、様々な部署の業務を経験した。また、ＩＳＯ認証取得のため事務局の業務にも携わりながら、組織改革などにも取り組んできた。そして二〇〇八年、二代目として代表取締役社長に就任。気づけば入社から一六年が経過、岡室氏四五歳の時であった。

そんな岡室氏が、社長に就任した年から続けていることがある。それは「事業発展計画発表会」である。

社長になったらまず何をしようかと、就任一年前から準備を始めた岡室氏。そうして始めた事業発展計画発表会。毎年、今後の事業計画を一〇カ月かけて作成、それを新年度に社員に配布し、共通認識を持つために発表するというものだった。つまり、ともに進むべき将来への目標設定である。全従業員を参加させるため、会社ではなく、ホテルの宴会場を貸し切って開く。全員が共通認識を持ち、同じベクトルを目指すための最大行事となっている。常に一丸となった体制づくりを目指しており、こういうことを実践している企業は中小企業では少なく、金融機関からの評価も高い。

さらには毎月、「社長の言葉」として今思う言葉を解説付きで書きしたため、社員の目に付くよう工場内に掲示し、社員向けブログにもアップしている。これも社長就任からずっと続けていることであり、積み重ねられた言葉は事業発展計画書の厚さに比例して厚みを増し、社長としての岡室氏の歴史を刻んでいる。

■闇の部分に光を当てた改革

組織改革については、少しずつ改善は見られるものの上手くいかない部分も多く、幾度となく壁にぶち当たっては乗り越える策を練る日々だったという。

上手くいかないのには原因があった。ついにその原因に辿り着き「内部改革には限界がある」そう判断した岡室氏は、核になる人間を外部から招聘し、古い体質からの脱却を図ることにした。名のある企業で経験を積んだ方に来てもらい、港製器工業は、かつてないほどの大改革に挑んだのだ。

「彼らはミッションを持って入社してきている。三〜四年で組織体制を作って、業績も上げて、さらに後継者も育成する。仕事の目的が明確なんです」

ワン&オンリーの企業ならではの問題なのかもしれ

ないが、昔から高い技術力を持ち、習慣になれてしまった企業は保守的になりがちで、新しいことへ挑戦することに非常に抵抗があるものである。それは時として、企業としてのさらなる発展を阻む要因となる。その闇の部分に光を当て、まさに短期決戦で新しい港製器工業として大きく変わろうとしている。

■成功の反対は失敗ではなくて、何もしないこと。

改革なども含め、なにか問題が出てきた時、壁にぶつかった時に、どのようにして乗り越えてきたのだろうか。岡室氏に、心が折れることはなかったのかと聞いてみて驚いた。一度もないと言い切るのだ。

「私、モチベーション下がらないんですよ。昔からです。学生時代は体操競技に没頭し、社会人になってからはビリヤードやゴルフなどやってきましたが、上手くなりたい一心で人一倍練習して、ある程度のレベルになるまでは投げ出すことなくやる。それから壁にぶち当たっても、なにがいけないんだろうと試行錯誤して、その間もずっとやり続けるんですわ」

要するにめげることがないのだ。岡室氏の考えはこうである。ゴルフはゲーム。スコアが悪くて負けても人生が終わる訳じゃない。自分が上達して上手くなれば勝てるようになるし、楽しくもなる。楽しくなるまでとにかく続けるのである。

「継続は力なりです。不謹慎かもしれませんが、経営もゴルフも同じです。経営に失敗しても命は取られないですからね。諦めずにずっと考えながら続けると、どこかでパッと閃いたり、出会いがあったり、何かが生まれるんですよ」

壁にぶち当たってばかりの経営すら、ゲームと同じだと笑う器の大きさは、計り知れない。これはITの世界でも試行錯誤を重ねてきた岡室氏ならではの感覚ともいえるのかもしれない。

「成功の反対は失敗ではなくて、何もしないこと。諦めてしまうことである」とも続けた。「試行錯誤は、失敗ではなくて、むしろ成功に近づいているんですよ」

そう話す岡室氏の辞書に「諦め」の文字がないことは明白だった。ビジネスでも新たな改革を切り札に、次なるラウンドへとコマを進めていく。

■高収益企業を目指して

改革の中のひとつの計画として、三カ年計画を立

てた。それまでは売上を右肩上がりにすることを目標に掲げており、売上至上主義だったという。しかし、新たな目標として打ち出したのは「高収益企業」だ。

以前は、数字にばかり目が取られて、いつしか外から仕入れてきたものを売るだけになってしまっていた。生産業のはずなのに生産量が減り、利益の薄い仕事が増えるように。利益率はどんどん下がり、結果赤字寸前まで落ちてしまった。本来の港製器工業の企業特性を活かした商売ができていないということに気づき、売上規模は求めず、しっかりと利益の出る会社にしようと、それからの目標を「高収益企業」にしたそうだ。

その目標のために、案件のABC分別を行った。A＝自社開発商品、B＝共同開発（自社で設計）、C＝お客様の図面からの製造。Cは他社との相見積もりが必至のため、薄利となる。前述の通り、港製器工業の強みは、開発力、技術力である。開発力重視のA・B案件を増やす戦略を打ち出すことが賢明である。

「高収益でしっかりとした財務基盤を築いて、日本の製造業の生き残りモデルとなろう、と一丸になってがんばっています。お客様のニーズの実現にも全力で取り組んでいます。上り調子になってきているという手応えを感じますね」

■「達人」の定義

経営理念に「イメージをスピード実現する達人として、共に未来を創ります。」と掲げている。

社員には、言われたことだけを行うのではなく、言われた以上のことを行う、言われる前に行うことで達人となってもらいたいと考えている。

「向上心のある人材にはどんどんチャレンジできる場を与えます。縁があって入社して、人生の大半を費やすことになるわけなので、当社にいて、成長できる、そう感じてもらえる場、自己実現できる場にしたいと思っているんです。だから提案も積極的にしてきて欲しいと思っています」

達人の定義に秘められた意味を知り、会社の戦略の中に社員の成長までをも考えられていたのだと知る。岡室氏自身も、勝手に勉強し、どんどんスキルアップしていくタイプであった。だからこそ社員の成長のための環境作りには余念がない。

さらには、他社から教えを請われるほどの「達人」集団になろうということも謳っている。

■海外展開に向けたプロジェクトも発足

日本唯一と言えど、世界に四社しかない企業の中では第四位。そこには乗り越えがたい壁がある。船級協会という各国にある認定機関認定の部品、工場を使用しなければいけないなど、船会社によっては入り込むには厳しい条件も存在する。

しかし、そこは折れない心を持つ岡室氏のことである。すでに対策プロジェクトチームを発足させていた。

港製器工業の代表的な製品である「フルオートツイストロック」は、実は世界で二社しか特許を持っていない世界的な商品なのである。この製品を改良して認定を取り、コスト面などで付加価値も付けていくことで、世界ベスト三へと食い込むことができる。そのために、事業部横断プロジェクトとして、フレキシブルに動ける環境を整えている。

日々の市場調査を徹底して行い、単なる製造会社ではなく、製造のコーディネーターとして、開発の達人となりたい。顧客のニーズにスピードをもって実現するためにも、五〇〇社以上ある協力会社とのネットワークをさらに強化し、「期待値を超える」グローバル企業へと、そのステージを上がる。まもなく世界でも大きな影響力を持つ存在になるのは間違いないだろう。

世界という海原に帆を広げた港製器工業という大きな船が、今、着実にノットを上げている。

建築の担い手として、地域とともに生きる

有限会社アーキ・クラフト

設計に力を入れる「建築のプロ集団」「住育」から家づくりに取り組む

代表取締役　倉原　猛

有限会社アーキ・クラフト

〒639-1104　奈良県大和郡山市井戸野町124-1
TEL：0743-83-0290
FAX：0743-52-5008
URL：http://www.arc-craft.com/
設　　立：2004（平成16）年11月
資 本 金：300万円
事業内容：住宅・店舗の設計、施工、リフォーム

■設計に楽しさを見出して

有限会社アーキ・クラフトは、奈良に本社をおく工務店。住宅や店舗の設計から施工、アフターフォローまでトータルサポートを行う。

代表取締役である倉原猛氏は、祖父、父ともに型枠大工であり、建築業を生業とする家庭に育った。一九六五年創業、地元奈良県を拠点とする株式会社クラハラである。祖父が起業して父が引き継いだ会社で、主に官公庁や学校などの公共工事を多く取り扱っていた。

高校生のころは、二人の仕事を見て「こんなしんどい仕事、絶対に嫌や」と思っていたそうだ。一方、一緒に働いていた叔父はいったん外の設計事務所で修行を積んでから家業に戻ってきたという経歴を持ち、そんな叔父に憧れを抱くようになってぼんやりと建築士を志したという。

「現場の土木作業のアルバイトに行くと、叔父がいろいろな話を聞かせてくれました。数十階建てのビルだって設計できると聞いて、かっこいいなと。自分もそっちに行きたいなと思うようになりました。とは言っても、そこまで明確に考えていたわけではなかったですね」

大学受験に失敗したということもあり、そんなに行きたくはなかったが建築の専門学校に進学した倉原氏。その専門学校では建築とＣＡＤを学んだ。授業が特徴的で、架空の美術館を設計するなど興味深いものも多く、徐々に設計のおもしろさに惹かれていった。校内コンペで賞をもらうなど評価されたことから設計デザインが楽しくなり、そこからは積極的に勉強するようになった。

卒業後は地元の設計事務所に就職し、建築士として約八年勤めた後、結婚を機に家業に転職した。

自身の経験を生かして住宅事業に力を入れるべく、アーキ・クラフトを創立して一四年になる。

■住まいづくりは、まずはきちんと「知って」から

四大ライフイベントである、住まい・教育・老後・保険。その中でも大きなイベントである「住まい」について、学校などで教えてもらえることは全くと言っていいほどない。家庭科の授業で触れることはあるだろうが、それはほんの少しで、特に住まいに関する「お金」の部分は扱われることがない。

家を建てようと考えたとき、たいていの人が住宅展示場に行ったり本やインターネットで調べたりして、まずは「理想のお家」を思い描く。しかし、実際にハウスメーカーに見積もりを出してもらうと、想定していた予算と大きくかけ離れている、などというのは往々にしてある話だ。そうなると、予算オーバーした分、どこかを妥協した家づくりになってしまう。

「周りが建てているから自分も、と安易に家を建てよ

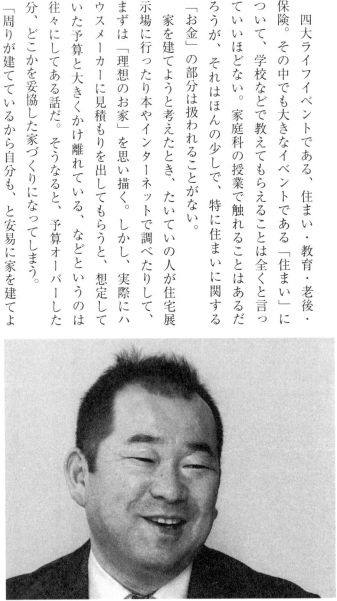

うとするのは無防備でちょっと怖い」

と倉原氏は語る。お客様が費用についてある程度理解していないと、住まいづくりはうまくいかない。こんな家を建てたいというお客様の希望を聞いて一生懸命設計したのに、あとになって予算が足りないからやり直しというケースもある。これは工務店としても困ることになる。

そこで、アーキ・クラフトでは家を建てるときの資金計画のアドバイスにも力を入れている。住まいづくりの資金計画を立てるときに、もう一歩踏み込んで、本当にそこまで必要なのかというところから提案する。

また、資金面に限らず住まいに関する様々な情報を知っていただく場、相談できる場を作ろうと、住宅ローンのセミナーも行っている。

■企画住宅「そだついえ。」

アーキ・クラフトの特徴的な商品が、「家を育てる」をコンセプトとした企画住宅「そだついえ。」である。完成形の家を建てるのではなく、今必要な空間だけを考えて建て、その後必要になったときに簡単に増築することができる仕様になっている。建てた後、ライフスタイルの変化に合わせて効率的に増改築できる合理的な住まいだ。

昔の家は、家族の変化に容易に対応できていた。「起きて半畳寝て一畳」とも言うように、起きたら布団を片付けてちゃぶ台を出し、寝るときにまたちゃぶ台を片付けて布団を敷くということをひとつの部屋で行っていた。ところが今は、それぞれダイニングと寝室が設けられるのが当たり前。ダイニングテーブルは四人掛けがスタンダードで、家族がもう一人増えたらどうしようかとなる。寝具も床に布団を敷くのではなくベッドを置くことが多い。ライフスタイルが洋風化されたことで、家族の変化に家が対応できなくなっている。

家を購入した時、建てた時にいくら満足したとしても、年齢とともにライフスタイルは変わっていく。

「そもそも、五年先、一〇年先を見越した間取りを考えなければならないのは、はじめから無理があるのではないか、と。使わない部屋があるのはもったいない。その空間を他にもっと有効に使う方法があるのではないか、という発想からはじまりました」

例えば、まだ若い夫婦は、将来子ども部屋が何部屋必要になるのかわからない。すでに子どものいる家庭は、せっかく子ども部屋をつくっても子どもが早くに独立してしまえば数年しか使わないことになる。

戦前の日本では借家住まいが多く、家を建てる人はほとんどいなかった。それが戦後、高度成長期に、住宅難を解消するための国策として政府が「持ち家政策」を推進した。そのせいというべきか、おかげというべきか、家を持つ人、家を持ちたいと考える人がぐっと増えた。「そだついえ。」はそういう変化にも対応しようと考え出されたものだ。そうして、それまでの一般的な注文住宅とは一線を画す、家族とともに「育つ」家を実現した。

家を建てた後に増床するとお金がかかるのではと考える人が多いが、実際はそうではない。あらかじめ増床を前提に考えていたら、たいして費用はかからないし、工期も数日でできるのだ。

■店舗開業支援「ミセック」

住宅のほかに店舗の設計施工も得意とするアーキ・クラフトは、店舗開業支援も手がけている。デザイナーや税理士、社労士などの専門家と提携して運営する事業で、開業からお店づくり、その後の経営も含めてワンストップで支援する。さらに、これからお店を開きたいという方を対象に、各分野の専門家が相談に乗ったり、先輩起業家の話を聞いたりすることができるセミナーも開催している。

よくあるケースとして、定年退職した男性が、自分のお店を開こうと不動産屋で物件を契約し、夢や雰囲気優先で、思うがままに始めてしまう。きちんとしたアドバイスを聞く機会もなくである。結果、一年と持たずに閉店してしまい、それにかけた費用を無駄にしてしまう。他に資産があるのであれば失敗しても「痛

い授業料」で済むのかもしれないが、退職金をまるっと使ってしまう人も多いのだという。

また、おしゃれなカフェやかわいい雑貨屋さんを開業したいという女性に対し、場合によっては不動産屋が最初に話を聞いた時点で商談を切ってしまうこともあるのだとか。そうなると、その女性は理由もわからないままに物件を探し続けるということになる。

倉原氏自身、失敗例を多く目の当たりにしてきた。客として入った飲食店でその規模、単価、回転率、サービス等を見て不安を感じた場合、案の上そのお店は一年後になくなっているという。だからこそ、依頼されたお店をただつくるのではなく、ひとつの事業として、その後の経営も視野に入れて計画するところから支援する。住宅ローンのセミナーとベースは同じだ。

■自分らしい暮らしを育てる住まいの学校「SUBACO」

また、住育の一環としてものづくりスクールも運営する。

「家づくりは、ものづくりに通じるものです。もっと私たちらしい暮らし方を獲得するためにも、ものづくりの楽しさを知っていただきたいと考えています」

今は家を「建てる」ではなく「買う」と言う人が多い。住まいのことをよく知らない人も多く、どこまでが安全でどこまでが安心かわからない。一般の人に住まいについて、家づくりについてもっと知ってもらいたいという思いがきっかけとなり、住まいの学校「SUBACO」が誕生した。

「SUBACO」では小屋を実際に作ってもらい、小屋づくりを通して家づくりのことをひと通り知ってもらう。三重や京都、尼崎など奈良県外からも申し込みがあり、ご夫婦や家族連れ、DIY女子などさまざまな人が参加している。子ども同士で仲良くなって、最終卒業式で泣くこともあり、思い出づくりの場にもなっている。倉原氏自身も参加し、久しぶりに工具を握って自分で小屋を作り、楽しかったそうだ。準備は大変だしかかる経費も大きいが、やりがいがある。会社のPRにもなっている。

そもそも住まいについてはなんの教育もなされていないから、家づくりはどのようになされているのか、どのくらいお金がかかるものなのか、といったところから少しずつでも知ってもらえるようにと考えている。

「当たり前のようにあですよこうですよというのは、一番言うたらあかん言葉。それは消費者目線で仕事をしていないということ。僕らの業界はそういうのがすごく多い」

いわゆる「業界の常識は世間の非常識」ということだ。

■仕事の醍醐味は「お客様の人生の土台を作れること」

やはり、お客様に喜んでもらえた瞬間が一番うれしいと倉原氏は笑う。

ある日、リノベーションの施工をされたお客様からメッセージが届いた。

「すてきハウスにする提案をたくさんいただきありがとうございました。毎日快適で、私も本当にうれしいです」

このお客様は、もともと出していた予算ではローン審査が通らず、思っていたことができなくなってしまった。倉原氏は、その限られた予算の中で何ができるかを考え、そのうちに自分自身も楽しくなり、できることを提案した。お客様との波長も合い、提案した内容を気に入ってもらえた。竣工し、撮影に伺うと、インテリアの雰囲気もとても良く、竣工祝いに持参したプランターもぴったり合ったという。最初から担当した案件はやはり思い入れも深くなる。

限られた予算の中でいかに工夫を凝らすか。予算内に収めて、かつイメージ通りの雰囲気も出すということ。そのためには、お客様とどれだけ話ができる

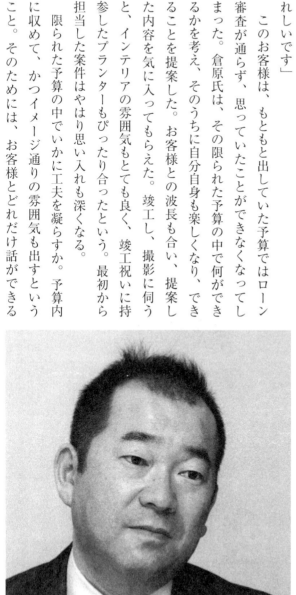

か、お客様の要望をどれだけ掴めるかという要因も大きい。お客様に「よくぞここまで」と言ってもらえることが仕事の醍醐味であり、建築士としての腕の見せどころでもある。

「こちらからの提案に『あーそれそれ！』っていうリアクションをもらえたらすごく嬉しいですね。そのお客様の人生、何十年と住む家。そこに携わるということ。幸せな仕事やなって思います」

アーキ・クラフトは工務店であり、自分は建築家というより施工者だと考えている。多くの事例を手がけ、今ではだいたいの出来上がりの想像がつくようになっているが、完成するまで想像がつかないような、ワクワクするような仕事をしたい、と常に新しいことにチャレンジし続ける。

■お客様の暮らしとともに育つ「そだついえ。」を広める

現在、日本では人口が減っている中で、家を建てられないという人も多くいる。長期優良住宅、長くもつ家づくりが推進される一方、東日本大震災の時に流されてしまった家屋は、資材としては再利用できるが、家として再利用することは難しい。長く暮らせる家づくりのほうがいいのか、気軽に建て替えられる家づくりの方がいいのか、悩むところではある。今後は、「そだついえ。」のさらなる普及を目指し、周知に力を入れたいと考えている。

「建てたら終わりではなく、お客様がこれから先もずっと安全で心豊かな暮らしをしていただけることが、私たちの最大で唯一の思いです」

実は、業績があまり良くなかった年があった。その前年までに業績が大きく伸び、年間二〇棟手が

けるまでになっていたのに、突然落ちてしまった。この時の一番の反省点は、倉原氏も含め社員みんながおもしろいことができていなかったことだ。「こんな家を作りたい！」ではなく、「やらなあかんからやっている」という感じで、仕事に対する意欲が低くなっていた。やはり意欲的に、自発的に取り組み、仕事にもおもしろさを見出すことが大切なのだと気づいた。お客様とともに家のテーマを考えて、一緒に創り上げる家。同じ土俵で話をして、一緒に家づくりをするチームとして仲良くなる。そんな関係になることができれば、結果的におもしろいのではないか、と倉原氏は考えている。

「ラフな感じで、思っていることをぽんぽん言ってもらえるほうが、意識も共有できる。お客様のタイプや要望にもよるけど、クレームになる前に『どう思う？』と気軽に話ができる信頼関係をつくりたい」

もちろん、お客様の言うことをなんでも聞く、ということではない。要望をうまくコントロールして、プロとしてのデザインやアイデアを提案する。お客様それぞれのこだわりの部分に合わせて、プロデュースしていく。

今も設計が好きだと話す倉原氏。いろいろ空想したものを現実の空間、形にするのが楽しいという。基本設計が終わってからでも、ふと新しいアイデアを思いついたら、その場でざっとイメージを描いて「こんなんどうですか？」とお客様に提案する。なにか案件を抱えているときはそればかりをずっと考えている。

これからの時代、アーキ・クラフトが提案する「そだついえ。」はお客様の暮らしとともにどんどん育っていきそうである。

プレス工場の省力化コンサルタント

株式会社プレス技術研究所

プレス技研なら何とかしてくれる！
進化の波に合わせた合理化コンサルのプロ

代表取締役　河原正和

株式会社プレス技術研究所
〒538-0052　大阪市鶴見区横堤1-5-44
T E L：06-6911-1191
F A X：06-6911-1344
U R L：http://www.press-giken.co.jp/
E-mail：info@press-giken.co.jp
設　　立：1956（昭和31）年8月
資 本 金：4,000万円
事業内容：プレス技術に関するコンサルタント、サポート事業

■バブル崩壊、事実上の倒産

「うちの会社は、一回潰れているんですよ、バブル終わったくらいの頃」

そう笑うのは、株式会社プレス技術研究所（以下プレス技研）の代表取締役・河原正和氏である。

プレス技研は、昭和三一年に創業したプレス加工用省力機械の製造会社。顧客は主にプレス加工工場、自動化装置や省力装置を提案して受注、製造を担っている。技術力や営業力、情報力を駆使して、コンサルティング事業も柱としている会社である。

設立当時から、プレス一筋の技術力には定評があった。創業者である父が社長を退いた後、リリーフを経て会社を引き継いだのは河原氏の兄だった。しかし、その直後にバブルが崩壊して売上が激減。資金繰りが厳しくなり、止むに止まれず商法上の「会社整理」という手続きをして、再建の道に入った。手形が不渡りになる前になんとか倒産は回避したが、振り出している手形は紙切れになってしまい、新聞には「プレス技術研究所、事実上の倒産」と書かれた。

「債務が十数億円になり、兄も大変やったと思います。借金言うても焦げ付きですから、銀行は一切取引をしてくれない。仕入先には現金で支払いをしないと納品してもらえない、という状況でした」

淡々と話す河原氏だが、ひと山もふた山も乗り越えた今だからこそ、冷静に振り返ることができるのだろう。

「それからなんとか営業を続けて、一昨年（平成二八年）の一一月に、その頃の負債がやっとなくなったんです。従業員のみなさん、協力工場さん、お客さんに支えられて、なんとか立て直すことができました。協力工場がどこも欠けなかった。それは親父が長年やってきた結果だと思います」

資金繰りで本当に苦労したと苦笑いも出る。その綱渡りのような日々は、聞いているこちらまで胃が痛くなるような話である。

「毎月二五日に払う給料は、二〇日くらいまでには用意せなあかん。やっと給料の準備ができたら、ほっとする間もなく翌月五日が仕入先の支払日ですわ。その段階で二〇〇〇万円足らんとか、再々ありましたね」

■多くの人の助けで、今がある

「本当にいろんな出会いがあって、今があります。奇跡みたいなすごい話がいっぱいあるんですわ」

人との縁を大切にしてきた河原氏の周囲には奇跡が何度も起こった。次のエピソードもそのひとつである。

プレス技研では取引先からの注文が決まると、まず地元の仕入先に機械の部品を作ってもらう。その仕入れ額は、売上に対して約六割。ある時、プレスメーカーのA社から三〇〇〇万円の注文が入ったので、前受金をお願いするために新幹線で先方の経理部長に頼みに行った。しかし相手は大手。鼻で笑われ全く取り合ってもらえない。それでも通さなければ必要な仕入れができない。問答しているところに、知り合いのA社の営業所の所長がたまたま通りかかり声をかけてくれたので事情を説明した。

「こういうわけで部長に怒られてますねん。僕が無茶言いに来てるわけやから仕方ないねんけど、このままでは帰れませんねん」

するとその所長と経理部長が奥へ入りなにやら話し始めた。

「三月下旬のことでした。二人が戻ってきて、所長が『四月から僕、部署変わるんです』と言うのです。事業部ごとにいろいろな会社があって、その中のプレス機部門の社長になると、そういうことでした。『だから河原さん、ＯＫ！』と。そうして前受金を入金してもらって、なんとか繋ぐことができました。僕が訪問するとも伝えていなかったのに、たまたま居合わせたからなんとかなったのです」

他にも同じ業界の機械商社、友人、たくさんの人に助けてもらったという。また、父親の頃から付き合いのある金型屋の社長にも助けてもらっている。

「親父は僕たち兄弟が思っている以上に、お客様や協力工場さんから慕われていたようです。技術屋なので、商いそっちのけでお客さんとこ回って技術指導を一生懸命やっていましたから」

父の興した仕事に関わるようになって、あらためて感じる父の背中である。

■経営者としての父の背中

子どもの頃の生活は、一般的なサラリーマンの家庭と変わらなかった。朝早く出かけて行き、夜遅く帰ってくる父親が、社長だという認識はなかったという。高校生の時には、父の会社でアルバイトをしていた。機械のペンキ塗りの仕事で一日一〇〇〇円。父は車で通っているのに「お前は電車で行け」と言われて、枚方からバスや電車を乗り継いで工場に通った。絶対に車には乗せてくれない。「アルバイトの分際で何言うとるねん」と。そういうところは厳しかったと振り返る。

「僕は、親父となんとなくソリが合わなくて、卒業後は、学生時代にアルバイトをしていた貴金属店に就職して時計・宝石・貴金属の営業をしていました。人と話すのが好きで、この頃から営業の仕事は好きでしたね。店の販売だけでは面白くないので、近所の病院を回って、院長や理事長さん、先生の奥さんに営業してたんです。当時、お店に来てくれていた院長先生は、発売されたばかりの一〇万円くらいするデジタルウォッチをポンと買うわけです。で、周年記念にどうですかと名入りの高価な時計を薦めたらそれも買ってくれはって。可愛がってもらいましたね」

営業の仕事を始めて二年ほど経った頃、父から「そろそろ戻ってきて家業を手伝え」と言われ、転職することになった。プレス技研へ入社後は営業としての試練が始まる。「売上が足らへんかったら、大根でもなんでも売ってこい」と言われた。それから約一年後に、留学していた兄も入社。兄弟でプレス技研を、創業者である父の背中を追うことになった。

■営業一筋の中で決めたこと

入社して最初に金属プレス加工の工場に行って驚いたのは、指のない人がいっぱいいることだった。今のようなセンサー付きの機械もなく、指を落として一人前というような業界だった。

河原氏は会社を拠点に、営業車で堺や河内長野まで回った。お客様の工場が一七時まで開いていれば、「現地で一七時まで居る」と自分に課して営業に徹した。飛び込みも含めて一日に何軒回ると決めて、工業団地など様々な会社に営業に行った。当時の取引先は、家内工業で親父さんが社長、奥さんが経理という会社が多く、奥さんに気に入ってもらって「河原さんとこから買ってあげて」と言ってもらうこともあった。モノが売れる時代で、お客さんに叱られたり教えてもらったりしながら、頑張った分だけ結果がついてきた時代だった。バブルが弾けたのが三五歳くらいの時。そこから厳しい時代になる。営業好きだった河原氏から意外なことばが出た。

「実は自分ではこの仕事には向いていないと思っていました。向いていないから、いろいろ工夫しようと考えていましたね。年数が経つうちに、機械についての知識も増え、先方の要望に応える提案型の営業ができるようになってきたんです」

■リーマンショックを乗り越えた奇跡

平成一一年七月に兄に代わって社長に就任した河原氏。前年のリーマンショックの時に仕事が激減して、社員一一名を解雇。その時に兄も辞めたそうだ。社員だけに辛い思いをさせるわけにはいかないという兄の方針だった。その兄は現在では独立して個人経営をしており、今も一緒に会社を支えてくれているという。

河原氏は社長就任後、とにかく売上を上げるために注文をとってきた。社員には「がんばって仕事をこなして」「ボーナス払われへんからその分残業をして稼いで」と言って働いてもらっていたが、忙しすぎて不良品が出るなど、作業の効率が悪くなってしまい、業績は赤字続きとなった。悩んだ河原氏だったが、やり方が間違っていることに気付き、仕事の流れを見直した。その結果、社内体制を整えるために、外部から今の管理部長を迎え入れることとなる。

この管理部長との出会いも奇跡的で、以前に中国で行われた展示会でブースが隣だったことがきっかけだという。その後、彼が独立していたということもあり「週一でもいいから、手伝って欲しい」と頼んだのだ。これを二つ返事で引き受ける決断にも驚くが、「月から木まで毎日来ます」とそれができるタイミングであったことにも驚く。

管理部長がこつこつデータを解析したところ、生産管理がいかにいい加減だったかが見えてきた。「彼が来てくれなかったら、立て直しは無理でしたね。どんどん受注して、オーバーワークだろうがとにかく売上を上げるということをやめて、仕事量を抑えて、きちんとしたものを仕上げるということに路線を変更しました」

売上を落とすというのは勇気がいるし、それでさらに利益を上げるというのは難しいことであるが、この河原氏の決断は功を奏し、傾いていたプレス技研はそのベクトルを徐々に上向きに転換していった。それでもバブルの時の負債は重く、毎月の資金繰りは厳しい状態が続いた。

さらに、二〇一六年にショックな出来事が起こる。年明け一～二月にかけて、幹部も含めて数名の辞職者が出たのだ。しかし、何が功を奏するかわからないもので、これにより人件費が減って固定費が下がり、結果、黒字へ転じた。

「急な欠員でダメージは大きかったですが、管理部長をはじめ、キーパーソンは残ってくれた。協力工場さんにも、降り出した手形をジャンプしてもらう等で協力していただき、四月、五月となんとか乗り切ることができました」

ここでも奇跡が起こったようだ。ちょうど路線変更の成果も出てきており、残業や休日出勤を強いることがほとんどなくなり、余裕ができたことで不良品が出るようなこともなくなった。負の経費が減り、減収増益になった。そして、同年一一月には債務がきれいになくなったのだという。

プレス技研は現在では支払手形の発行を一切やめ、すべて現金払いとしている。社員にも決算ボーナスを払えるようになり、工場の設備も少しずつではあるが整えられるようになってきている。

「僕はずっと営業畑で、お客さんとはコミュニケーションをとっていましたが、社員とのコミュニケーションは足りない部分があったと思います」

今、河原氏の視線は、お客様へ向くと同時に、社内へも向けられている。意識が変わっただけでなく、その余裕ができたということなのかもしれない。

■奇跡という名の必然

「東日本大震災の時に東北の製造業が大きな被害を受けて、うちのお客さんの工場も津波で使えなくなりました。東北は日本の精密部品のメッカだったのです。大阪府社会福祉協議会が、法人向けの支援を必要としていると聞いて説明会に行きました」

自身の会社も厳しい時期だったが、なにかできることで支援をしたいと考えたのだ。その説明会には銀行、観光バス、ＵＳＪなど、多様な企業が一〇〇社ほど集まっていたという。そこで河原氏は、参加企業に向けてこう提案した。

「製造業が壊滅的な被害を受けており、このままでは仕事が海外に流れてしまう。一旦海外に行ってしまったらもう戻ってはこないので、関西からもなんとか支援したい。こちらで人員を受け入れて復興したら戻ってもらう、ということをやりたい」

すると、取材に来ていたNHKがその様子を取り上げてくれ、その後、改めてNHKからプレス技研に取材申し込みがきた。河原氏の提案は『町工場トモダチプロジェクト』と名付けられ、人材や設備を探している人を繋いで支援する取り組みとして成長し、朝の番組の特集で放送された。

河原氏は、これまで自身の周りで起こった出来事は「たまたま」「運良く」起こった奇跡だと笑うが、それは河原氏の日々の努力、行動の結果であり、決して偶然などではない。自身が培ってきた人の縁とそれに対する感謝が生み出す、奇跡という名の必然なのだ。

■これからも「たんぽぽ精神」で花を咲かせる

河原氏の座右の名は「たんぽぽ精神」。飛んでいったところに根付いて、いかなる境遇でも精一杯花を咲かせる。いつもそう心に念じてやってきた。

「今年六三期、一〇〇年企業を目標にしています。商いを継続していくことが一番の目標です。製造業に限らず中小企業はどこも大変ですよ。でも、我々は腹をくくっている。いつも命がけで

す。銀行に行って頭を下げていても、腹の中では『サラリーマンに負けるかい』という思いでやってきました」

プレス技研は社員の平均年齢が高く、一番若い社員で三六歳。その社員に「君が七〇歳まで働ける会社にしよう」と河原氏は語っている。三四年先である。その頃になったら全国的にも定年が七〇歳になっているはずで、今いる社員がその時も働ける会社を目指したいという思いがある。

「うちで作っている機械は、ローテクなんです。ちょっとアナログに近い部分。この分野は日本の製造業で生き残っていくと思っています」

今の仕事を継続できればそれが一番よい。しかし、変化に応じて多岐にわたってやっていきたいと考えている。プレス加工用省力機械の製造技術を生かして、違う業界も視野に入れ、仕事の幅を広げたいとも。中小企業の技術だからこそできること、ハイテクノロジーではカバーできないことを熟知した河原氏ならでは展望ではないだろうか。

「情報や知識を吸収するのも、発信するのも、動いてなんぼと思っていますので、僕自身が元気であるように心がけています。カラ元気の時もありますけど、アクティブなシニアでありたい。時には凹むこともありますけどね。凹むのも一日、喜ぶのも一日。おっちょこちょいやから、調子に乗らんようにだけ気をつけてます（笑）」

人のために、人と共に。その熱い想いが、いくつもの奇跡を起こしてきた河原氏。これからも、根付いた場所で、人との縁を紡ぎ、さらなる奇跡を起こしていくのではないだろうか。

保育業界に一石を投じる

一般社団法人全国企業主導型保育支援協会

入園したくなる保育園づくりをサポート
企業、従業員、子ども、そして社会全体も良くする

理事長　宮川大作

一般社団法人全国企業主導型保育支援協会
〒541-0041　大阪市中央区北浜2丁目1番16号
ＴＥＬ：06-6228-3887
ＦＡＸ：06-6228-3887
E-mail：info@cnss.or.jp
設　　立：2017（平成29）年12月
事業内容：企業主導型保育事業のサポート

■「企業主導型保育」とは

大阪市中央区北浜に「bois de gui（ボワドゥギ）」という花屋がある。おしゃれなガラスドアを開いて中に入ると右手には可愛い生花の販売スペース、左手には併設するコーヒーショップのカウンターがある。お店の奥はオープンテラスになっており、そこから見渡せる大川の向こうには中央公会堂が見える。なんともゆったりとした空間である。

しばらく待つと、同店の運営会社である株式会社Ｂｏｎｄの代表取締役、宮川大作氏があらわれた。丸い眼鏡をかけて優しく温かさにつつまれたような人物であった。事前に聞いていた話では花屋以外に保育園を六園も展開しているということだったので、どんな方だろうと思っていたのだが、実際に話を始めてもゆったりとした人物であった。この宮川氏が運営している保育園が、「企業主導型保育園」なのだ。

花屋という業種柄、女性従業員が多い職場に身を置く宮川氏は、かねてより従業員のための保育園をつくりたいと考えていた。そして、二〇一六年に内閣府主導で制度化された企業主導型保育事業に参入することを決めた。

企業主導型保育事業とは、仕事と育児の両立を支援するためにつくられた新しい事業である。二〇一五年四月に施工された「子ども・子育て支援新制度」の改正に伴い、新たに創設されたのが「仕事・子育て両立支援事業」。この一環として、企業が従業員のための保育施設を設置する際、運営費・整備費を助成することで保育の受け皿拡大を図った。

背景には待機児童問題がある。二〇一六年、「保育園落ちた日本死ね」と書かれたブログがきっかけとなり、この問題がメディア等で大きく取り上げられ、「隠れ待機児童」の存在までもがクローズアップされるようになった。

企業主導型保育事業のおさえるべきポイントは、通常は厚生省の管轄となる保育園事業であるのだが、内閣府主導による予算措置が図られていること。「認可外保育施設」に分類されるものの従来のそれとは違い、助成金は認可保育園と同等の金額を受けられる。また、設備面や職員数に関しては一定の基準が設けられているが、保育料や開所時間などは柔軟に設定することができる。

■本業との相乗効果

株式会社Ｂｏｎｄでは、生花や観葉植物の店頭販売のほか、フラワーレッスンの開催、イベントディスプレイやブライダル装花なども行っている。現在、従業員数は二〇名。そのうち一七名が女性である。

この本業と並行して運営してきたのが、現在大阪市に二園、東大阪市に四園ある保育園だ。それぞれの園長のもとで保育を担う計四五名の保育士は、九割が有資格者である。定員は一二名の園と一九名の園があり、対象である〇～五歳児の中でニーズが多いのはやはり待機児童の多い〇～二歳だという。給食は、設置の基準でもある自園調理を行っており、アトピーにも対応している。保育料については、従業員枠の児童は無料、地域枠（従業員以外）の児童は有料としている。

この全く異なる二つの事業が、どのように連動しているのだろうか。

結果から言うと、すべてが好転した。花屋ではまず、求人への応募が増えた。そして、女性の多い職場にありがちな、また実際にこれまでそうであった高い離職率が激減した。土日開催の多い結婚式やイベントなどの仕事は、以前は外部へ委託してスタッフを集めなければならなかったが、社員が子どもを自社保育園に預けられるようになったことで、社内で人材を確保するのが容易になった。つまり人件費が抑えられる結果となり、会社にとっても従業員にとっても良い効果が得られたのである。

「小売業は就業時間が長い上に不規則です。それに、修行が必要な職人性のある職業は敬遠されがち。そんな中でどうやって人材を確保しようかと常々考えてきました。子どもを預けられることに魅力を感じて面接に来てくれる方もいます」

自分が働く会社に福利厚生として保

育園があるということで従業員のモチベーションも上がる。また、花屋は従業員だけでなくお客様も女性が多い。保育園を始めたことで会社の評判も良くなり、取引先からの評価も上がった。

■女性が活躍する良い環境づくり

日本では女性がいまだに、仕事か育児かと選択を迫られる現実があり、先進国の中で見ても「女性が活躍しにくい国」だといえる。花屋も保育園も、女性がメインの職場であり、宮川氏はこの社会がぎゅっと凝縮されたような業界に、一〇年以上も身を置いてきたのである。

宮川氏は大学卒業後、ある繊維商社に勤め、主に衣料品店のイベントでの販売促進を企画していた。イベント当日は、会場を花で飾ることが多くあった。その時の縁もあり、花に関わる仕事をしようと、当時の上司と共に生花小売業をスタートした。それから一一年後にその会社を辞して独立、現在に至っている。この間、特に女性従業員が全体の九割を占めていた生花小売業において、結婚、育児などの理由で女性のキャリアが断絶されるさまを幾度となく目の当たりにしてきた。

「フローリストというのは本来高い職人性を求められます。一人前のフローリストになるまで五～六年かかりますが、ようやくという時期に結婚、退職してしまう。せっかく育てた職人を簡単に辞めさせてしまうのは、会社にとって大きな損失なんです」

当時の社長は、ベテランを長く雇うよりも新人に代わった方が人件費を抑えられてよい、と考える人だった。その結果、未習熟のまま従業員が入れ代わり立ち代わりし、そのしわ寄せがすべて、指導する立場である宮川氏らにきたのである。また、損失しているのは会社だけではなかった。それは、ようやく技術を身に付けたのに退職してしまい、その後は異業種でパートタイム勤務になるなどして、その技術を生かせない女性たちだ。

こうして宮川氏が得た教訓は、従業員はしっかり育てて長く働いてもらうべきだということ。そうすることで、短いサイクルで雇用を繰り返すより、断然コストパフォーマンスが良くなる。その当時の社長とは正反対の考えである。

独立してからはこの教訓をもとに、女性が出産後も続けて働ける環境、その能力を十分発揮できるような環境づくりに力を入れた。しかし、職場環境を改善することはできても、家庭環境まではいかんともしがたいものがあった。

結婚式などの催事の仕事は曜日を問わず入ってくるため、どうしても土日のシフト勤務が発生する。これは小さな子どもがいる女性従業員にとっては厳しいことで、土曜日・日曜日は保育園が休みなので子どもを見てもらえない。同僚にシフトの交代を頼むにしても、そう度々は頼めない。

そんな中、宮川氏は従業員から衝撃的な話を耳にする。

「ある日、結婚式を担当する女性従業員に、子どもが熱を出したから迎えに来るようにと保育園から連絡が入ったんです。それで翌日の結婚式当日、仕事の穴を開けることはできないと考えたその女性は、朝、子どもが発熱していないのに解熱剤を飲ませて保育園に送ったという話を聞いたんです」

驚いた宮川氏が本人に真偽のほどを確かめたところ、今回だけではなく過去にも、どうしても休めない日に同様のことをして無理に出勤したことがあるというのだ。宮川氏は愕然とした。せっかく女性に長く勤めてもらいたい思いから独立したのに、職務のために無理を強いていた。心ならずも辞めていく優秀な人材もいる。宮川氏は、思い悩んだ。そして決心した。

「このままでは絶対にあかん。従業員のための保育園をつくるしかない」

従業員の子どもの世話を、自らの手でしてあげたらいいのだと思いついたのである。企業主導型保育事業の制度が始まる二年以上前のことである。

■保育事業はビジネスではなく、助成金をもらって行う地域貢献

企業主導型保育では、保育料についても国が定める水準を超えない範囲で企業が独自に設定する。その金額が安いと一概には言えないが、認可保育園のように自治体や世帯年収で左右されることはまずない。たとえば、育児のためにフルタイムの正社員を辞めた女性が認可保育園に子どもを預けようとした場合、保育料は前年度のフルタイムで働いて得ていた収入から算定される。パートタイムで働

きに出たところで収入と保育料がほぼ同額になってしまい、それならばと働くことを諦めてしまう。その点、企業主導型の保育園では一律に設定されていることが多いので、安心して復帰の時期を計画することができる。

また、待機児童問題の解決に向けて、受け皿としての保育園だけでなく保育士の確保も重要な課題である。保育の質的向上は、保育士の処遇が保障されてこそ実現する。しかし現状は過酷なもので、憧れの職業として人気の保育士だが、離職率は高く、現役の保育士の多くが日々の仕事に心身の疲れを感じているという。

宮川氏が運営する保育園における子どもの数に対する保育士の数は、国が定める配置基準を満たして余りある。したがって、過度な残業や仕事の持ち帰りはない。ベテランも若手も、男性保育士もいる。ここを訪れた人は「保育士も子どももみんな本当にいきいきしている」と言う。

最初は広告媒体を利用して求人を行っていたが、今ではどこからか情報を得た別の園で働く保育士から求人の問合せがくるそうだ。また、実際に宮川氏

のもとで働いている保育士が知り合いの保育士を呼んでくることもあるそうで、職場環境の良さがうかがえる。宮川氏はすべての園を定期的に訪問するようにしており、現場の保育士たちからの信頼も厚い。

本業での人材確保による経営安定だけでなく、育児のために離職した女性の復職を応援し、保育士の待遇改善までも可能にする企業主導型保育。社会の多くの問題を解決する役割を企業が担うという新しい地域貢献の形となっている。

■これからの企業主導型保育事業の在り方

この企業主導型保育事業のいいところは、保護者の働き方に応じて柔軟な保育サービスができること。しかし、自由度が高い分、「質」の問題が生じる。

先に述べたように、宮川氏が運営する保育園で働く保育士は全員有資格者であり、自社で雇用し、運営している。しかし企業主導型保育の規定では、保育従事者の五割が保育士資格を有していればよいということになっている。企業によってはその運営を外部委託し、責任の所在があいまいというところもある。つまり、運営者の良心や志によって保育の質に大きな差が出る可能性があるのだ。過去に宮川氏が「あそこはちょっと…」と危ぶんだ保育園は、実際に厳しく注意・指導を受けているそうだ。

「企業主導型の保育園はそれで収益を得ようということではないんです。あくまで本業の職場環境を整えるためのもの。保護者が安心して子どもを預けられるように、受給した助成金はすべて保育の質の向上のために使わなければいけない」

世間的に、認可保育園が一番良いというイメージがある。そのため、認可外ということに不安を感じる、認可保育園に入園するまでのつなぎとして入園させるという保護者もいる。しかし、宮川氏のところでは、一度認可保育園へ転園したが戻ってくることや、保護者の口コミで評判が広がり入園希望がくることも多いという。これはその保育環境、指導方法が信頼されているという証であろう。

宮川氏は働く女性従業員の声もしっかりと取り入れ、安心して預けられる、入園したくなる保育園を保育士と共につくりあげている。

■企業が運営する保育園の新たな地位を築く

二〇一七年一二月、宮川氏は、全国初となる企業主導型保育の支援団体を設立した。これが「一般社団法人全国企業主導型保育支援協会」（以下、全保協）である。実際に運営してきた実績やノウハウを多くの企業に共有し、全国にこの事業を広めたいとの思いからである。

まだまだ認知度の低い新しい制度である。今後、想定内外のトラブルが発生するであろうが、着実な舵取りを行っていくことが社団法人の役割となる。実態を把握するため、監査などについても、外部からだけではなく自分たちで律する形でも行う。全保協ではつまり、志を同じくする仲間を集めたい。

さらにはもっと実際的な役割もある。さまざまな士業の人たちが協会のメンバーとなり、個別の保育園の問題解決や、園長と保育士、保護者のマネージメントなどにあたる。

宮川氏は花屋の運営で、従業員に長く働いてもらうことが会社のためになると実感し、それを担保するために自社の保育園を始めた。そして今や、「未来の人材を育成」するために、保育の質の向上を目指している。幼児期の環境は人格形成に大きく影響を及ぼす。そのための教育カリキュラムも導入しているという。

「ぼくのところはもう保育園は足りている。他所に必要とされる会社がたくさんあるはずなので、そんな企業を集めて、この事業への参入をサポートしようと考えました。情報を共有したり連携をとったりしながら、一丸となって保育業界に一石を投じられる団体になりたい」

地域貢献としての保育園運営がもたらす果実はさらに大きなものとなっている。

宮川氏は、今後全国で企業主導型保育事業が順調に展開すれば、ゆくゆくは学童保育や障害児保育にも企業参入の可能性があると、さらに先の未来も見据えている。

「なにわの名工」がつくる傘

株式会社カムアクロス

オリジナル傘を自社工場で一貫生産
傘でコミュニケーションの輪を広げる

代表取締役社長　今中光昭

株式会社カムアクロス

〒578-0982　東大阪市吉田本町1丁目11番10号
TEL：072-967-2725
FAX：072-967-2735
URL：https://www.come-across.co.jp
設　立：1995（平成7）年5月
資本金：2,000万円
事業内容：レイングッズ・パラソルの企画・製造・輸入・卸販売

■町の傘屋を株式会社に

今中氏は、高校卒業後、コンピューターの専門学校に進学した。勉学のかたわら、アルバイトで通っていたのが、東大阪市内の傘屋だった。当時は会社ではなく「加工屋さんに毛が生えたような『商店』」であった。

今中氏自身、商売を営む家で生まれ育った。生家は、大手ファスナーメーカーの下請けでファスナーを作って輸出していた。今中氏は門前の小僧よろしく、商売の雰囲気や段取りを普段から見聞きして育ったので、傘屋でも仕事の呑み込みは早かった。「内職に出す流れなど、ファスナー作りも傘作りもよく似ていました」。アルバイトでありながら、すでに間に合う人材であったのだ。

当時、まだ一八、九歳であったが、今中青年はその性格から、なんでもポンポンと口に出して言う。「こんなきたない傘、だれが買うん？」「おかしいやん、このハンドル」などと遠慮なし。そしてあるとき、「このハンドル付けたら五〇〇円高く売れるやん、五〇〇〇円の傘なら一〇〇〇〇円に、一〇〇〇〇円の傘なら一五〇〇〇円で売れるで」と言って、それを試したら本当に売れた。そんなこともあって重宝がられ、ついに当時の社長から「スカウト」された。高卒の初任給が一〇万円くらいだったそのころ、社長から「これでどうや！」と言って提示された額は一三万円。「はい、専門学校やめます」と即答した。

一三万円の給料はよかったが、同世代の仲間たちと飲みに行くと、「健康保険」だの「厚生年金」だの話題になる。傘屋には保険も年金もなく、自身もまったく知識がなかった。それで社長に「なんでないの?」と聞くと、「うちは商店やから」という。「国民年金より厚生年金のほうが得や。将来ようけもらえる。友だちみんな厚生年金なのになんでオレだけ国民年金なんや、なんとかしてよ」と言ったら、「わかった」と社長が言い、それで傘屋は商店から株式会社になった。また、「年功序列は仕方ないけれど、おれ一人で走り回って、なんでこんなに給料低いの?」と、直談判して給料を上げてもらったこともあった。そんな時代であった。

■再出発

就職して四、五年後には、会社は年商一四、五億の企業に成長しており、今中氏は海外での仕入れを任され、四億から五億の仕入れ権限を持って中国、台湾に飛んでいた。同時期、日本から熟練の傘職人を台湾の工場に送ったことで、製造工程の大改革が起こり、格段に製品の質が上がった。その後の数年、会社は台湾の工場ともども大きく利益を上げたが、舵を取り損ね、迷走の果て、一九九五年に倒産してしまう。

会社のエースだった今中氏は、顧客からは「またやってくれ」と、海外のメーカーからは「どうなるん

だ?」と迫られ困惑したが、同時に、会社が倒れてもなお、買い手と作り手の両サイドから求められているのだから再生の芽はあると確信した。出資の話を持ちかけられたこともあり、思い切って自身で傘製造会社を始めた。それまでの台湾のメーカーとは話が折り合わず決別し、広東省深圳に自社で来料加工工場を立ち上げ、生産拠点を移した。その後、今中氏の努力と経営センスで、そしてなによりも取引先からの支援によって、事業は着実に利益を上げていった。

こうして、二〇〇二年には社名を現在の「カムアクロス」とし、同時に、これまでと同じことをしていても他社には勝てない、今以上の高品質な傘を作る必要がある、と判断して、福建省アモイに独資の現地法人厦門興和洋傘有限公司を設立した。

アモイという土地にしたのは、縁あってのことである。以前から傘の骨を仕入れていたメーカーがアモイにあった。台湾出身の親子が経営する会社で、今中氏は、息子と懇意にしていた。創業者である父親は、日本が台湾を統治していたころ子ども時代を送った世代の親日・知日派で、盛和塾に通っていたこともあり、日本語はネイティヴなみに話せた。

あるとき、深圳からアモイへ来て彼らの会社を見せてもらったら、たいそう立派な工場で、今中氏はいたく感心した。思わず息子に、「アモイに来たら、あんたのところのきれいな工場と近くなって今以上の良い傘が作れる。ここやったらおれの目指すようなことができるわ」とつぶやくと、これが父親に伝わり、「今中さん、アモイに来るんですってね、案内するので場所を探しましょう」と、一足飛びに話が進み、アモイ各地を案内され、「ここ、いいでしょ、決断は今ですよ」「えーっ、はい、わかりました」と、あいなった次第である。

■逆境に立たされて

アモイに工場を設立し、心機一転スタートを切った矢先に、日本の得意先が倒産した。売掛金その他で、今中氏の手元には八八〇〇万ほどの不渡手形が残った。そのうえ仕掛品もあり、実に一億以上の負債であった。出鼻をくじかれるとはこのこと。しかしここまでの七年間の預金もあり、返済が滞ることもなく、銀行に迷惑をかけることはなかった。それでも「みーんな逃げた」。メイン銀行が完全に及び腰になった。それまで一億の単位で手形割引ができたのが、一五〇〇万の枠に下げられてしまった。資金繰りができない。「銀行に怒鳴り込みに行きましたよ」。

逆境に立たされて初めて、周りの人たちの肚の中、胸の内が見えた。商売をやっていた両親の言葉、前の傘屋の社長の嘆きも見聞きしてはいたが、自分が事態に直面して実感した。親切にしてくれた人でも、下心がありありとうかがえることもあった。とはいえ、そんな人たちばかりではなかった。中には、弱っている会社に注文を増やすことで支援と励ましをくれた得意先もあった。また、メイン銀行からそっぽを向かれたとき、新規で付き合い始めた銀行の担当者に、「事故にあって、とてもやないけど御行と取引できる状況やない」と言うと、その担当者は「うちの支店長も『今中』という苗字です。今中さんに悪い人はいない。社長は裏切る人には思えない」こう言って、この担当者一人の勘と判断で「少ないけれど、とりあえず二〇〇〇万くらいから始めましょう」と、貸してくれた。

さらには、別の銀行で事情を説明したのち、「借りられるとは思っていない、あきらめている」と、ここでも言うと、支店長はじめ全行員がそろって応対してくれて、政府系金融機関から融資を受けられるよう一式書類を整えてくれた。先方の担当者の名刺まで用意して、「金は出されへんけれど」と。この時期に受けたこれら恩義は、決して忘れることはできない。

前述の台湾の親子の父親もまた、大恩人である。傘の骨とハンドルのほとんどを仕入れていたその会社には、買掛金債務が八〇〇〇万ほどあった。父親に、「お願いがあります」と切り出すと、「支払のことですね、いつ払えますか」と逆に問われた。「半年先に」と言うと、迷う様子なく「わかりました」。「嬉しかった。そういうことがあって今があるとつくづく思う」と今中氏は振り返る。

今から四年ほど前にこの恩人は亡くなったが、亡くなる数カ月前、旧正月の挨拶に行ったとき、今中氏は尋ねてみた。「あのとき、なんであそこまでよくしてくれたんですか?」と。恩人は、「あのとき中国で孤軍奮闘していた若いあなたは、勇気ある日本人だと思った。だから応援したのです」「なんにもお返しできまへん」「十分です。材料を仕入れてくれた。私はあなたに何かをしてあげたとは思っていません」

今中氏は深くこうべを垂れた。

■傘職人・渡辺政計

先に少し触れた、今中氏の前の会社が好調だったころ、それに拍車をかけた傘職人というのが、現在も「カムアクロス」で製造技術を支える渡辺政計氏である。

今から二五、六年ほど前のこと、自社オリジナルの傘を作る目的で、少し高級な傘を台湾の工場で試作させたところ、できあがったものは、今中氏が想像していた傘とはまったく異なる代物だった。安価なものはできても、高級なものになると値段に見合った製品ができない。大阪に戻って社長に、「どっかに職人おらへん？」と相談すると、同業者に連絡を取り、紹介されたのが、渡辺政計氏であった。別の会社に勤めていた渡辺氏をヘッドハンティングして引き入れた。会社が倒産したあとは、今中氏と渡辺氏はそれぞれ、深圳と台湾とにいったんは離れたが、行き来を続けるうちに、渡辺氏は今中氏のもとに来て、再び一緒に傘を作るようになった。

その後の二〇〇二年の危機も、今中氏と渡辺氏は一緒に乗り越えた。三〇年近く苦楽を共にしてきた今、今中氏は、「なべちゃんがおれば会社は続けられる」と言い切る。お客さんの中にも、「なべちゃんがおるから任せられるわ」と言ってくれる人もある。

長きにわたり傘づくりをしてきた今中氏であるが、唯一、疑問であり不満でもあったのは、日本には昔から傘の職人がいるのに、誰の名前も、その記録も残っていないということ。現在では、傘作り

のすべての工程をこなせる職人はわずかになってしまった。日本の多くの傘メーカーは、自社で工場を持たないようになり、職人のいる工場に仕事を丸投げして、「うちの下請け」と言う。それが今中氏には納得がいかなかった。

数年前、堺市の「注染てぬぐい」に関連した仕事の依頼を受けた。「注染」とは大阪発祥の染色技法であり、堺市では地場産業にもなっている。今中氏が、この注染産業の協同組合を訪れると、組合の理事らはみな、「伝統工芸士」だという。理事たちは一流の職人でもあったのだ。今中氏は、「うちのなべちゃんも立派な『伝統工芸士』や」と確信し、組合の理事に相談すると、「それやったら渡辺さんには、『伝統工芸士』よりも、『なにわの名工』がええ」と進言してくれた。今中氏みずから推薦状を書き、平成二九年一一月に、渡辺氏は「なにわの名工」に認定・表彰された。現在、日本でただ一人の認定を受けた傘職人である。

■「痛傘」あるいは「恩送り」

冒頭に挙げたオリジナル「痛傘」のストーリーは、カムアクロスのホームページを見たという群馬の青年からの電話から始まる。アニメの原画や背景を描きながら、クリアファイルなどにイラストを描く副業をしていた彼は、傘にプリントするのはまだ誰もやったことがないから是非やってみたいという。「二〇本でいいので」。だが、二〇社ほども訪れた傘製造会社からはすべて門前払いだと嘆いた。今中氏は、東京出張の折に彼と会うことにした。東京駅構内のカレーショップで、バッグから取り出したサンプルを前に今中氏に説明したあと、「やはり難しいことなんですね」と半ばあきらめかける青年に、今中氏は、「ちがう、あんたの問題じゃなくて、作る側が技術も場所も備えていないことが問題なんや」と言いながら、「これ、なかなかおもろいやん」と興味が湧くも、同時に「このにいちゃん、大丈夫かいな」と多少の不安もあったが、この目の前の、いかにも真面目で純粋な青年に、「よし、おれが作ったる」と請け負い、まずは三〇本からスタートした。

半信半疑で作った傘だったが、これが売れる世界、コミュニティーがあった。いわゆる「コミケ」というイベントや秋葉原などのショップである。コミケでは二日間で四〇〇本売れたという。その後、発注のたびに作るようになったが、商売にまったく無知なこの青年、支払いが滞ってしまった。今度は目の前でしょぼくれる青年だったが、今中氏は冷淡に切り捨てることはせず、逆に熱くハッパをかけた。「返済は分割でええ、今後は在庫は抱くな、うちも全力で納期を短縮する。こんな傘どこにもない。営業せい、行け！」折も折、北関東の実在する都市を舞台にしたアニメが大ヒットして、そのキャラクターの傘の商品化が実現、傘は売れに売れた。今や彼は、「痛傘」を自社の登録商標として、会社を営んでいる。

どこかで聞いた話である。

「恩送り」という言葉がある。「恩返し」ならぬ「恩送り」。誰かから受けた恩を、別の人に与えることである。親から授かった情をわが子へ、師の学恩を愛弟子に。こうして「恩」が世の中を巡る。カムアクロスでは、台湾の父親から受けた恩が、今中氏を経て「痛傘」の彼に巡った。

■「笑顔の傘」・自社工場

「笑顔の傘」もまた、突然の電話で始まった。断るつもりで相手先に出向いたが、代表者の、「世の中を笑顔にしたい。傘には可能性があります」という言葉に感動して引き受けた。現在ここは、NPO法人「Merry Project」として、世界各国で笑顔の写真を撮影し、そのデザインや展示を各地でおこなうアートプロジェクトを展開している。カムアクロスで作った一〇〇〇本ほどの「笑顔の傘」は、二〇一一年の東日本大震災以降は被災地の復興を支援する活動として継続的に開花し、そして同年九月には、9・11から一〇年、および3・11から半年を機に、ニューヨークの国連本部前から世界に向けて、平和への願いと未来の希望を込めた大輪の花を咲かせた。さらに、「Merry Forest Project」は「2011–2020国連生物多様性の10年」のパートナーシッププロジェクトであり、植樹活動を通じて子どもたちと一緒に生物の多様性を学ぶ。そして、その行く先々で「笑顔の傘」を広げている。

今中氏は「出会えてよかった」と実感する。

「痛傘」も「笑顔の傘」も、一個人のきわめてユニーク、いや奇抜といっていいデザインを、しかも小ロットで製造できたのは、カムアクロスに自社工場があるからだ。現在の日本のメーカーの趨勢である「ファブレス」に完全に背を向けた経営手法を今中氏はあえてとる。「自社工場を持つとフットワークが悪くなる」という人もいる。確かに今は、発注先の中国の工場で想像以上の製品ができあがってくるようになった。カムアクロスでは、それらも視野に入れながら、工場を持っているからこそできることをやる。「なんでもできまっせ」。しかし、安価なものやビニール傘は作らない。自社工場と一流の傘職人を有する矜持からだ。

"come across"には「横切る」という意味のほかに、「(人に) 出会う」という意味もある。今中氏は、実質的に二度、いずれもゼロに近い状態から会社を始めたが、まさに、「いろんな人との出会いがあってここまでやってこられた」。わけても、取引先の人たち、そしてカムアクロスの社員には今は感謝しかない。

最近、会社のホームページを静止画から動画仕様にリニューアルすると、問い合わせが増えた。二〇二〇年の東京オリンピックのロゴ入り傘の発注は、「Merry Project」を通じてこのホームページから来た。初対面の人に名刺を渡したら、「お見かけしたことがあると思ったら、御社のホームページで拝見していたのですね」と言われたこともある。

カムアクロスが自社工場を持つまれな傘製造会社であること、それゆえの傘の持つ可能性のことを、今後、SNSを通じてさらに発信していく予定である。

営業の基本は愛と思いやり、情に厚い女性社長

三和住宅流通株式会社

お客様は大切な家族
人生の節目をお手伝い

代表取締役　松原　佳代子

三和住宅流通株式会社

〒570-0044　大阪府守口市南寺方南通3丁目14-19 チューリップビル2階
TEL：06-6991-0402　　FAX：06-6991-0430
各種お問合せ：0120-291-930　　お客様相談室：0120-939-571
URL：http://sanwa-j.net/　　E-mail：info@sanwa-j.net
設立：2007（平成19）年2月　資本金：1,000万円
事業内容：不動産全般
宅建免許番号：大阪府知事（3）第52975号
建設業認可番号：大阪府知事（般・27）第143364号
登録電気工事業：大阪府知事登録第2011-1451号

■なんでも来い！　不動産業界のオールラウンドプレーヤー

一口に不動産会社と言っても、会社によって実にさまざまなスタイルを持っているものである。たとえば、自ら物件を持ち店子に貸している賃貸業、家主と店子をつないでいる仲介業、物件の売買を行っている販売業、家を建てて売っている建売業、注文を受けて家を建てている注文住宅業…。多くの不動産会社が、コストや人材の理由により、いずれかのスタイルに専念している。それぞれの得意技で勝負しているのである。

そんな中、守口・寝屋川・門真・枚方・旭区・城東区など京阪沿線をメインに不動産業を展開する三和住宅流通株式会社は、スタイルを特化させることなくオールラウンドプレーヤーとして活動をしている稀有な不動産会社である。

「うちは零細企業だから、大手企業のように一つに特化していたら食べていけないんですよ。お客様のどんなご要望にも応えられるようにしていかないとね」

不動産業は個人情報を扱うから、信頼関係を築かないと成立しないのだと代表取締役の松原佳代子氏は笑う。

「家計の中身から家族間の悩みまで、かなりプライベートな内容を知り得るから、私も心をさらけ出して、親身になって付き合うんです。土地建物を売って終わりではなく、その後もずっとお付き合いは続きます。住まいの相談役と思ってもらえるとうれしい」

松原氏は、比較的大きな工務店で事務職に就いて三年が経った頃に、出入りしていた不動産販売の社長から「営業をやってみないか」と声をかけてもらい、一念発起して転職した。

■失敗から学び、失敗を糧に、次のチャンスにつなげる

前職では営業職としてスタートしたが、先輩は何も教えてくれず、見よう見まねで仕事を覚えるしかなかった。まだまだ営業職の女性は少なかった時代である。新人には売り上げにならない雑務も回ってくる。辛いことや悔しいこともあった。それでも、毎日が楽しくて仕方がなかったという松原氏。次々に寄せられてくるお客様からの要望の数々。それらを叶えるために、さまざまな方策を考え出し、実践していく。

「難しい要望やじゃまくさい要望ほど、叶えることに情熱が湧いてきましたね。絶対に実現するんだ、という強い思いが湧きあがってくるんです。とにかく、お客様の喜ぶ顔を見たくて」

彼女の努力が報い、要望が叶えられると、その結果にお客様は満面の笑みを返してくれる。最大限の賛辞を返してくれる。そして、契約が成立し報酬が入ることは、自分の仕事が認められ評価されたということだ。これぞ営業職の醍醐味。その繰り返しが楽しくて仕方がなかったというのである。

「そりゃ、辛いこともたくさんありました。失敗談をあげたらキリがないくらい。理不尽なクレームを受けたり、契約直前で揉めたり、持ち逃げされて結果自分の持ち出しになったり…。いろんな人がいますからね」

そんな時は、気のおけない営業仲間と飲んで語って、同じ立場だからこそわかる悩みを共有する。

「でも、それ以上に素晴らしいお客さんがいます。プラスマイナスしてトータルで見たら楽しいし、やりがいがある。だから、続けて来られたんでしょうね」

そしておよそ六年間で三〇〇件近くの案件を扱い、さまざまな経験を積んだのち、一〇年前に起業した。

「不動産の営業職は、三〇代半ばになると独立したくなるものなんですよ。毎月毎月ノルマに追われて家を売り続ける。本当にエンドレスなんですよ。がんばれば実入りもいいけれど、福利厚生が薄かったり、先行きに不安を感じていたり…。私も同様で、会社を辞めて独立したんです」

行き当たりばったりの性格なので無計画に船出したと松原氏は言うが、漠然ではあるものの勝算はあったのだろう。

「最初は仲介からはじめて、ローンの斡旋、収益物件の販売へと事業領域を広げていきました。独立してからも痛い目にあったりもしましたが、それも勉強。工務店に勤めていたこともあって『いつか家を

建てたい』という夢を持ちながら仕事をしていましたね。意外と早くその夢は叶ったんですけどね」

事務職という裏方の仕事と、営業職という現場の仕事の両方を経験したことが強みになったのだろう。利回りなどを考慮した資金面のプランと、土地購入、新築・改築の施工の面までトータルに見られることがメリットとなった。今では、年間二〇棟ほどの家を建てている。職域も土地探しから行う注文住宅、建売、建て替え、収益物件の売買、アパート・テナントビルの管理などオールラウンドに広がっている。

「工務店出身だからかな、やっぱり、お客様と一緒になって家を建てることが楽しい」

土地を買う、家を建てるというのは、お客様の人生に関わる大きな仕事だ。お客様の人生の節目に関わることになる。一人ひとりの人生のように、すべて違う内容の案件である。だからこそ、これまで積み上げた実績と営業力、持ち前の愛情と気配りで真摯に取り組んでいるのだ。

■信頼こそがビジネスの基本、継続することの大切さ

もちろん、「情」だけでは商売はできない。ビジネスには分析力と決断力が求められる。より多くの情報を集め、それを基にしてすばやく決断を下し実行に移す。松原氏は、物件を仕入れる際に、該当地域の地図と賃金状態と相場、レインズという不動産売買サイトの取引事例などを参考にして、とことん分析するという。それを基に、買うか買わないかの判断やプランづくり、値付けを行うのだ。

「気をつけなければならないのは『潮目を見極める』こと。うまくいかない時は、どうあがいてもダ

メなんです。潮目が読めると、押す時なのか、引く時なのかの判断ができるようになります」

潮目を読んで、動きを決める。失敗と成功、さまざまな経験を通して、そんなビジネスセンスも培ってきた。

そして「継続すること」を経営の信条としている。

「赤字になる物件もあります。でも、できるだけトータルで見るようにしています。なんだかんだいっても、決算で黒字になっていれば企業は継続していくのですから。売上至上主義ではなく、企業継続主義でやらしてもらっています」

「ビジネスを継続していくために、一番大切にしているのは『信頼』です。その時に儲けがなくても信頼関係が築かれていたら、いつか儲けがやってきます。一時的な儲けを優先すると続かないですから」

そう語る松原氏が、信頼を得るためにいつも心がけていることがある。一つが「約束を守る」こと。支払いをきちんとする、時間を守るといった、いわば社会人としての基本だ。もう一つが「ウィン・ウィンの関係」。自分だけが得をするのではなく、相手にも何がしかのメリットを提供できるようにすることだ。

「私たち不動産業は、お客様とのお付き合いの時間がとても長いのが特徴です。時には孫世代にまでお付き合いが続くこともあります。その場限りの損得にこだわっていては、信頼のあるお付き合いはできません」

このような松原氏の考え方、生き方に共感・共鳴してリピーターとなるお客様が生まれ、さまざまな取引先と良好な関係を築いているのだろう。自分のことを包み隠さず話す彼女を見ていて感じたのは、「自らが心を開けば、自ずと相手も心を開いてくれる」ということ。そんなところに信頼構築のカギがあるのかもしれない。

■マイホームに執着する理由

「マイホームって私の憧れなんです」

松原氏が突然切り出した。

「私が小学生の時、父が知人の借金の保証人になって、自宅を取られてしまったんです。人情もろい父は保証人を断れなかったんでしょうね」

ある日のこと、突然母親に「家は人の保証で取られたがね。来月には出ないといかんがね」と告げたのだ。そのあと母親は阿鼻叫喚であったという。住む家を失った一家が引っ越した先は小さなアパートで、おしくらまんじゅう状態。ぎゅうぎゅう詰めの大変な生活を余儀なくされ、正直しんどかったそうだ。

そんな強烈な記憶のせいで、住む家がある有難さを誰よりも痛感してきたのである。辛気臭くなるからと、このことをあまり話したがらない松原氏であるが、幼心に思ったことは、「マイホームは笑顔の製造工場だ」ということ。また、大人になってさらに感じたことが、資産があるということは信用を得られやすい、つまり、「マイホームは信用の増幅工場だ」ということ。

「時代劇で『この紋所が目に入らぬか』と言って印籠をバシッと出すシーンがあるじゃないですか。

マイホームという後光が差すような印籠を持って、融資先に対して『この家が目に入らぬか!!』と時代劇さながらに言えばいいんですよ」

要は、融資を受ける際、いくら出してもらえるかというところで、「家」が印籠の役割を果たすというのだ。また、マイホームのほかにも印籠となり得るものはたくさんあるという。たとえば、受験地獄を味わって勝ち取った「学歴」も印籠だ。取得した「資格」もそう。松原氏が言うには、自身のように保護犬たちと衣食住を共にしながら病気一つしない強靭な肉体を持っていることさえ印籠になる。

そういった印籠をいくつも持っていれば、人は第一印象で勝負できるのではないかと考える。もちろん、それはあくまで第一印象であって、その人の中身や価値を表すものではない。人間の中身や価値は、何度も会って話をしないとわからないものだから。しかし、ビジネスチャンスにおいて第一印象が大きな要素になることを、長年の商売の経験から感じているからこその表現であろう。

とにかく「マイホーム」に強いこだわりを持つ松原氏は、お客様が笑顔になれるマイホームを一か

ら作り上げるのが楽しいから不動産業をしているのだと微笑みながら

「今後もお客様のために、満足していただける家づくりをやらせていただきたいですね」

その表情には温かさがあふれていた。

■出会いが人生を変える

松原氏は、これまでの人生でいろいろな人と出会い、交わってきた。その中で「人」というものがどんなものであるかを学び、「人」を見る目を養ってきた。営業職をやってみたらと声をかけてくれた社長さんをはじめ、たくさんの取引先と業界の仲間、たくさんのお客様。「出会いで人生が変わるし、出会いが人生の糧となる」ことを、身を以て知っている。

「お客様には三和住宅流通に出会ってよかった、松原社長と知り合ってよかった、と思ってもらえるよう日々努力しています」

「大阪市内に支店を出したい」というのが、当面の目標だ。京阪沿線と違って、競争も厳しいが需要も多い。ビジネスチャンスの多い梅田でやってみたいと、チャレンジ精神を発揮している。

松原氏のもう一つの夢は、ペットと一緒が入居条件の「動物といっしょに住めるアパート・マンションづくり」だという。確かに、ペット可を謳うマンションはあるが、必ずペットと一緒でないとダメというマンションは見たことがない。ペットを飼っている人しか入居できないマンションというのは、実にユニークだ。

松原氏は、幼い頃から捨てられた犬や猫を家に連れ帰って世話をしていた。社会人になってからも、捨てられた犬や猫を放っておくことができず、保護して家で一時預かり、張り紙をしては引き取ってもらえる人を探す活動を個人で続けてきた。現在は、プライベートな時間に動物愛護団体の人たちとともに、ボランティアで犬や猫の保護活動をしている。現在、自宅で一緒に暮らしている犬四匹と猫三匹は、どれもが団体から引き取ってきた子たちだ。

「病気を患っている子とか、栄養失調の子とか、ぶさいくな子とかを引き取るようにしているんです。強い子、かわいい子は、引き取り手がいますから」

三和住宅流通の名刺には「ペット同伴ＯＫ！」と書かれている。事務所では愛犬が迎えてくれることも。動物を愛する心と人を愛する心は、根っこでつながっている。こんなところにも、情に厚い松原氏の人柄が表れている。

高齢化社会となり若い世代の人口が増えない昨今、不動産業界も物件がなかなか動かず、厳しい時代だ。経営者の苦労は尽きない。そんな時は「宇宙」のことを考えるという。

「宇宙から見たら、私がいる不動産の業界なんて狭い世界。そんなところで人の悪口を言ったり批判をしたりしても仕方ない。人生八〇年、人間誰でもいつか死ぬんだから、悔いのないよう生きたいですよね。そして、死んだ時にええ人やったなあって言ってもらったらうれしい」

と、広い視野で、人生を見つめる。

よく「本音の付き合い」と言うけれど、多くの場合、実際には本音をどこかに隠し持ってつきあっていることが多いのではないだろうか。どこか自分の利のことばかり考えて行動してはいないだろうか。

信頼が最も大切と断言することも、ビジネスは勝負だと見極めることも、動物を愛してやまないことも、すべて松原氏の本音である。彼女は、それらをさらけ出して相手に対峙している。その姿を見て、相手は知らず知らずのうちに心を開いてくれる。そうして信頼関係が構築され、長い付き合いとなっているのだろう。

売上よりも継続。心と心の付き合い。松原氏のブレない考えが、これから先も三和住宅流通株式会社の未来の扉を開き続けていくことだろう。

あとがき

リーマン・ショックから約一〇年が経ちました。日本経済を支える中小・小規模企業においては近年その数が激減しています。とりわけ製造業においては減少が止まらない状況です。このままいくと、一〇年後には七割の職種が消えてしまうともいわれています。これは日本の産業基盤を揺るがす危機であります。

そして、中小・小規模企業の数が減少している原因として最も大きな問題として考えられているのが事業承継問題です。

平成二八年十二月に経済産業省から公表された「事業承継ガイドライン」によると、事業の承継を断念する企業のうち、なんと四割以上の企業が、実は好業績の企業であるという調査結果が出ています。赤字でやむなく継続を断念しているのではなく、黒字であるにもかかわらず廃業しているのです。そんな会社が、思いのほか多いということがわかります。

しかし、本書を読めば、そんな将来への不安も払拭されます。シリーズ四巻目となる今回も、関西の活力あふれた二〇社の企業に集まっていただいています。本書は単なる会社紹介の本ではありません。各々の企業が、震災や円高、価格・品質競争などの厳しい経済環境の中で如何にして生き残り、成長してきているのか。そこには、大企業には真似のできない、中小企業ならではの工夫がなされているのです。

私の仕事は、中小・小規模企業の経営支援、困り事を解決することです。もうかれこれ三〇年以上やっておりますので、これまで多種多様な会社さんとお話しする機会がありました。そんな経験の中からどのような会社さんにも必ず、各々が持たれている知恵・工夫・経験の中に素晴らしい「宝物」があるのだということがわかりました。しかし、残念なことにそれが「宝物」だということに気づかれていない場合が多いのです。ご本人ですら気づいていないのですから、それを聞き出すのはなかなか難しいわけです。

そこで私は、人の持つ知恵・工夫・経験をしっかりと聴き取るためには「教えてもらう」を自分の中にしっかりと意識しなければだめだ、との思いから、「敬聴力」と名付けた造語を創ったのです。そして今は全国各地区の商工会・商工会議所の七〇〇〇名を超える経営指導員さんに向けて、「敬聴力」による企業支援である「伴走型支援」を小規模企業支援研修としてお話しさせていただいております。

これは、二〇一四年六月に施行された「小規模企業振興基本法」「小規模企業支援法」により彼ら指導員が取組むべきこれからの小規模企業支援の手法が「伴走型支援」であると定義されたことに基づいての研修であります。

幸いにも基本法・支援法の制定に際し、私が少なからず関わりを持つこととなり、その中で「敬聴力」による企業支援を「伴走型支援」とする私の考えが評価され講師のひとりに選任されたおかげです。

「敬聴力」を意識して話をすることで、相手の思いがしっかりと伝わってきます。経営者の皆様との話の中から、知恵・工夫・経験を聞き、さらにその中から「宝物」を浮かびあがらせます。そこであらためて、その「宝物」の活用を図ることで事業の継続・発展や時には再生につながっていきます。

本書のインタビュアーや編集者に、この「敬聴力」を意識して話をするようにしてもらい、時には私自身も取材に同行させてもらいました。取材では、多くのお話を聞き進めるうちに、本当に様々な「宝物」が見えてきました。このような取材を経て、完成した本書では、登場して下さった二〇社の経営者たちの様々な「宝物」があちこちにちりばめられております。本書をお読みになる人にとって、多くのビジネスヒントやビジネスチャンスを見て取れるものとなるでしょう。

そしてまた、ここからのヒントを手掛かりに、まずは現在の事業の継続・承継を見据えた経営をご検討いただくことで、私たちの子や孫の時代のために、今日の日本が抱える小規模企業の減少傾向の歯止めにつながることを心より切に願っております。

今後、皆様がさらなるご発展をしていかれることを願ってやみません。

一般社団法人日本知的資産プランナー協会
理事長（行政書士）西元　康浩

クローズアッププロジェクトの本

挑戦する中小企業 in OSAKA

つぶしてたまるか—社長の失敗話・成功話—

各 1,600 円＋税

日本経済の活力の源泉である中小企業。さまざまな苦難を乗り越え奮闘する大阪の中小企業20社の経営者の失敗話・成功話を紹介する。

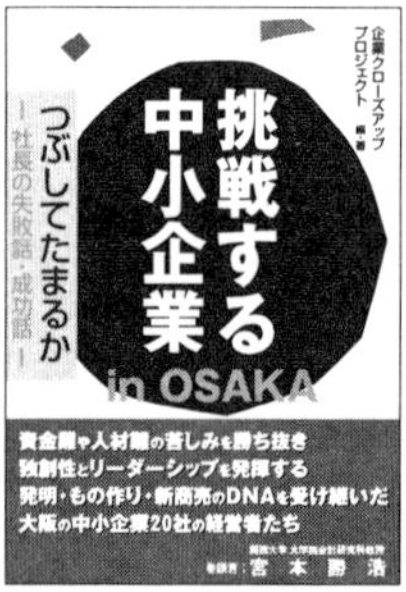

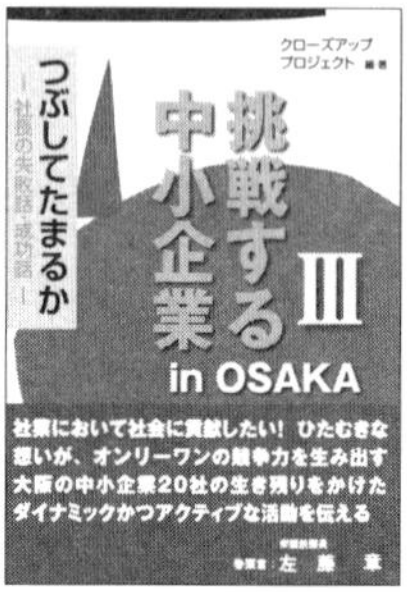

厳しい状況下にさらされている中小企業ですが、そのような中でもがんばっている会社は多くあります。そんながんばっている会社に光をあて、「本」で世に紹介することで読者に勇気と感動を与えたい。また、起業や経営の参考としてもらいたい。それが我々、中小企業・ベンチャー企業のための出版企画チーム「クローズアッププロジェクト」の想いです。

お問合せ先

クローズアッププロジェクト

代表 関谷 一雄

〒531-0074 大阪市北区本庄東2丁目13-21
有限会社 扶桑印刷社 編集部内
TEL：06-6371-7168 FAX：06-6371-2303
URL:http://www.fusou-g.co.jp

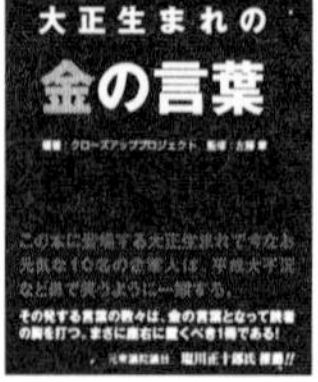

大阪を元気にする大正生まれの金の言葉

1,600 円＋税

大正、昭和、平成の三つの時代を生きる 10 人の企業人に直撃インタビュー！ 難しい時代に偉大な先人達の金の言葉

戦前・戦中・戦後の激動の時代を生き抜いた、その生き様と心に響く言葉の数々がこの一冊に結実！ 企業人として「人を大切に」し、「決して恨まない」、「感謝する」こと、そして「ご先祖様を大切にする」こと。今まさに忘れ去られようとしている日本人の心が、金の言葉となって胸を打つ！

IAP出版　既刊

新版　傾聴力を敬聴力へ！

心に届く言葉で、自分の想いを伝えるために

西元 康浩　著

旭屋書店天王寺 MIO 店
ビジネス書月間ランキング
1 位 を獲得！

今の時代だからこそ、これからの時代のために、

「聴く力」「伝える力」の必要性を説く。

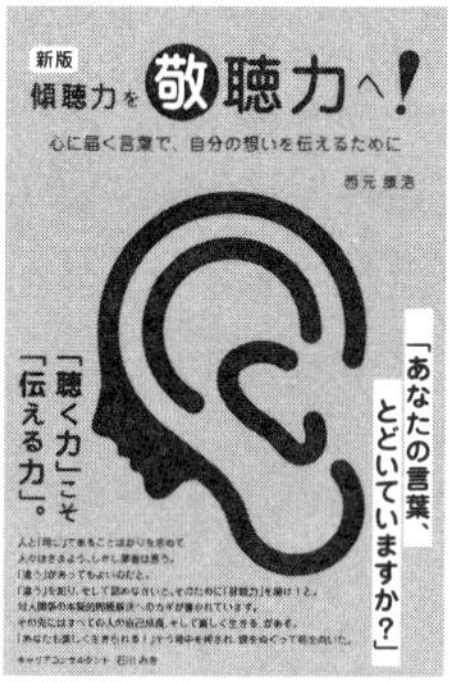

ISBN 978-4-908863-01-1
四六判・並製・179P
2017 年 12 月発行
1,200 円+税

敬聴力（けいちょうりょく）とは
人の話をしっかりと理解して“聴く力”です。そして、想いを人に“伝える力”でもあります。

一般社団法人日本知的資産プランナー協会の理事長を務め、行政書士として主に中小企業の支援業務を行う著者が提唱する敬聴力。「一人でも多くの方に敬聴力を知ってもらいたい！」という思いから電子書籍を出版し、読者から共感の声多数！　待望の書籍化となりました。

周りと“同じ”であることが正しい？　いいえ、人と“違う”価値観があったっていいんです。敬聴力が身に付けば、偽りではない、本当のコミュニケーションがとれるのです。みんなが「楽しく 生きる」「楽しく生きられる」ために。著者の“伝えたい”という強い気持ちが込められた一冊です。

あなたの会社が目指すのは

『売上ですか？継続ですか？』

小さな会社の「仕組つくり（ノウハウ戦略）」

西元 康浩　著

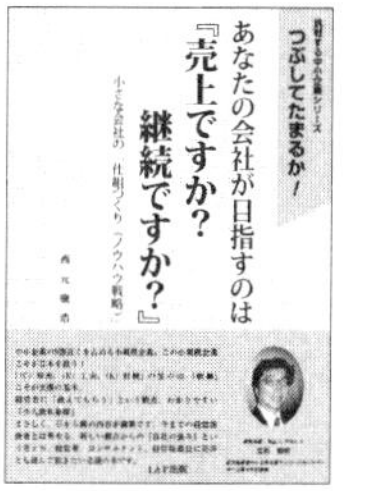

ISBN 978-4-908863-00-4
A5 判・並製・227P
2016 年 6 月発行
1,500 円+税

本書は、これからの日本経済を支えていくのが、全事業者の九割以上を占める中小・小規模企業であること。その主役となるべきが「小さな会社」であることを、会社自身に自覚していただくための書籍です。

筆者である西元康浩が歩んできた 30 年以上にわたる「小さな会社」サポートの経験から、確信を持って言える「すべての会社経営者や従業員が持つ知恵・工夫・経験こそが『強み』であり、守るべき資産である」ということを業種・業態ごとの事例やエピソードも交え、わかりやすく解説します。

挑戦する中小企業 in OSAKA Ⅳ －つぶしてたまるか－

2018年 6 月20日　初版発行

編著者：クローズアッププロジェクト
発行者：関谷　一雄
発行所：ＩＡＰ出版
〒531-0074 大阪市北区本庄東2丁目13番21号
TEL：06（6485）2406　FAX：06（6371）2303
印刷所：有限会社 扶桑印刷社
デザイン：田中　哲子

ISBN978-4-908863-03-5